CUIABÁ
MEU ENCANTO
CRÔNICAS, REFLEXÕES E POEMAS

Editora Appris Ltda.
2.ª Edição - Copyright© 2024 do autor
Direitos de Edição Reservados à Editora Appris Ltda.

Nenhuma parte desta obra poderá ser utilizada indevidamente, sem estar de acordo com
a Lei nº 9.610/98. Se incorreções forem encontradas, serão de exclusiva responsabilidade
de seus organizadores. Foi realizado o Depósito Legal na Fundação Biblioteca Nacional, de
acordo com as Leis nᵒˢ 10.994, de 14/12/2004, e 12.192, de 14/01/2010.

Catalogação na Fonte
Elaborado por: Josefina A. S. Guedes
Bibliotecária CRB 9/870

P853c
2024
	Portocarrero, Marcelo Augusto
	    Cuiabá, meu encanto: crônicas, reflexões e poemas / Marcelo
	Augusto Portocarrero. – 2. ed. – Curitiba : Appris, 2024.
	    241 p. : il. ; 23 cm.
	
	    ISBN 978-65-250-5450-6
	
	    1. Ficção brasileira. 2. Crônicas. 3. Poesia. I. Título.
	
	                                                        CDD – B869.3

Livro de acordo com a normalização técnica da ABNT

Appris *editora*

Editora e Livraria Appris Ltda.
Av. Manoel Ribas, 2265 – Mercês
Curitiba/PR – CEP: 80810-002
Tel. (41) 3156 - 4731
www.editoraappris.com.br

Printed in Brazil
Impresso no Brasil

Marcelo Augusto Portocarrero

Cuiabá
MEU ENCANTO
CRÔNICAS, REFLEXÕES E POEMAS

Segunda Edição

FICHA TÉCNICA

EDITORIAL	Augusto Coelho Sara C. de Andrade Coelho
COMITÊ EDITORIAL	Marli Caetano Andréa Barbosa Gouveia (UFPR) Jacques de Lima Ferreira (UP) Marilda Aparecida Behrens (PUCPR) Ana El Achkar (UNIVERSO/RJ) Conrado Moreira Mendes (PUC-MG) Eliete Correia dos Santos (UEPB) Fabiano Santos (UERJ/IESP) Francinete Fernandes de Sousa (UEPB) Francisco Carlos Duarte (PUCPR) Francisco de Assis (Fiam-Faam, SP, Brasil) Juliana Reichert Assunção Tonelli (UEL) Maria Aparecida Barbosa (USP) Maria Helena Zamora (PUC-Rio) Maria Margarida de Andrade (Umack) Roque Ismael da Costa Güllich (UFFS) Toni Reis (UFPR) Valdomiro de Oliveira (UFPR) Valério Brusamolin (IFPR)
SUPERVISOR DA PRODUÇÃO	Renata Cristina Lopes Miccelli
ASSESSORIA EDITORIAL	Renata Miccelli
REVISÃO	Andrea Bassoto Gatto
PRODUÇÃO EDITORIAL	Renata Miccelli
DIAGRAMAÇÃO	Bruno Ferreira Nascimento
CAPA	Carlos Pereira

Para Clarita, por tudo.

PREFÁCIO

Após um período em que morou aqui, quando criança, Marcelo passou alguns anos em outras cidades e retornou a Cuiabá, que era o sonho de sua família. Poucas pessoas ou mesmo personagens conseguem realizar esse propósito, o retorno ao lar. Ulisses, rei de Ítaca, é um deles. Após a guerra de Troia e enfrentando enormes perigos, ele consegue retornar ao seu pequeno reino.

Marcelo, adolescente, chega pelas mãos de seus pais, Iracy e José Afonso Portocarrero, protegido das intempéries da vida. O olhar que lança sobre a cidade é amoroso e mostra-nos uma Cuiabá que os mais novos não conheceram, tornando este relato um importante documento.

Ao escrever sobre este livro, a palavra que me vem insistentemente é "sinceridade". Marcelo escreve de coração aberto ao descrever suas vivências – vivências felizes de quem passou por dificuldades e dedica a esses reveses não mais do que três esparsas linhas.

Disse o poeta russo Maiakovski, certamente em outro contexto e significado: "Dizem que em algum lugar, parece que no Brasil existe um homem feliz". E parece que é em Cuiabá.

Uma história da sabedoria popular recolhida pelo escritor Ítalo Calvino diz que o homem feliz não tinha camisa. Marcelo, como o camponês da fábula, não tem apego à riqueza como um bom católico que é, mas mesmo católico dá-se o direito de criticar o Papa. Aliás, é esse mesmo direito que ele exerce ao analisar os acontecimentos sociopolíticos dos últimos anos na nossa pátria, que exige de quem o faz a outra palavra que norteia este livro: "coragem". Coragem de, com argumentos e não palavras de ordem, comentar e defender suas ideias e seu modo de vida nestes tempos de polarização exacerbada. Sinceridade, coragem e serenidade.

Amorosidade – aqui descubro uma faceta de Marcelo que eu não conhecia, o Marcelo poeta. Acompanhando os clássicos que elegiam uma mulher como musa única – Dante com a sua Beatrice, Petrarca com a sua Laura, Abelardo com Heloisa, Machado de Assis com Carolina e Guimarães com Iracy – Marcelo nos conduz à sua história com Clarita desde os primeiros encontros, relatados tanto nas crônicas como nos poemas, que a ela dedica e louva ao longo de um casamento feliz.

Seus poemas, assim como suas crônicas, remetem-me à imagem de Marcelo sozinho, à noite, em sua casa, conversando consigo mesmo em frente à tela de um computador, sobre todos esses assuntos que vocês lerão.

Que este livro incentive outros a escreverem suas memórias sobre a nossa cidade, que se transforma rapidamente, tornando necessário, até mesmo imprescindível, o registro de quem viveu essas Cuiabás.

Em tempo, "Indefinito" foi o meu poema preferido.

Ivens Cuiabano Scaff

Médico, escritor, poeta,
ocupa a cadeira n.º 7 da Academia Matogrossense de Letras

PRAÇA DA REPÚBLICA
Fotógrafo - Lázaro Papazian
Data estimada em meados da década de 60 do século XX

SUMÁRIO

Introdução. 17

CRÔNICAS

De volta a minha Cuiabá 21

Clarita menina. 35

Dizem que a primeira impressão é a que fica 40

Deu no que deu e o jardim virou praça 43

Acabou-se o que era doce. 45

Os flamboaiãs da Avenida Getúlio Vargas 47

A memória da igreja. 48

E então, Cuiabá, por que será?. 52

Lá se vão 300 anos. 54

Precisamos voltar a investir no centro histórico 58

Meu querido São Benedito. 62

Mamãe – Uma vida dedicada ao amor. 64

Tributo a José Afonso Portocarrero. 66

Obrigado por ser assim… Diferente das canas dobradas pelo vento. 72

Deus te abençoe, meu filho. 74

As mãos de meu pai. 78

Mensagem aos meus filhos 80

Meu terço e minha fé em Deus...82

Coisas do Seo Manequinho...87

Tia Jandira...91

Haroldinho...94

Distrito Industrial Governador Garcia Neto, uma justa homenagem...96

Professores e alunos...98

REFLEXÕES

Malabaristas ambulantes...103

A ordem dos fatores...105

Zé Ninguém...107

Salve, salve, amizade...108

Em respeito aos brasileiros de boa índole...109

Sempre presente em nossos corações...110

Existe esperança...111

Como será o amanhã?...113

Ganância...114

Livres verdades...116

Jogo é jogo, treino é treino...117

Fé e esperança...119

Direitos adquiridos?...120

Mulheres, falta-lhes espaço...122

Notícias?...124

Viva, Théo, viva a vida...125

Oi, Túlio. Seja bem-vindo...126

Lívia chegou...128

Vem, vovô, vem, vem......130

Incerto futuro.. 131

Diamantes em água.. 132

Quem somos?.. 133

Amizades.. 134

Como um qualquer... 136

Vá a Roma, veja o Papa e muito mais 138

O que nos faz ser tão insensatos? 140

Eu acredito em Deus 142

Pabulum vitae.. 144

O Papa Louva-a-deus....................................... 146

O ímpeto e a coragem...................................... 147

Presentes.. 149

É isso aí, amizade! 150

Tem gente que adora procurar problemas para o país 152

Respostas.. 154

Boa lição 155

O tempo e a vida... 157

Em obras 158

Sentença 160

Anmarithmētiké.. 161

Um certo lugar... 162

A fé e o medo.. 163

Fé... 165

Ajustes benfazejos... 166

Chorar faz bem 167

Morrer de amor.. 169

POEMAS

Vida e morte. 175

Amor e ódio 177

Eu preciso ficar só. 178

Que ninguém te veja assim 180

Minha querida 181

Clarita. 182

Almas gêmeas 184

É poesia 186

Quando olho para trás 187

Eu te agradeço, Senhor. 189

Filhos 191

Oração por nossos filhos. 192

Palavras 193

Seja feliz 194

Viver 195

Saudades da minha Cuiabá. 196

Amigos são eternos 197

Cuida dela, Senhor. 198

Amor eterno 199

Rio das curvas 200

Ouvir silêncio. 201

Esperanças de mãe. 202

Minha tia Glória 203

Sem título 205

Sou do Mato Grosso 206

Quem é você?. 208

Todo dia é dia dos pais 209

Tradições esquecidas 210

Então Ele disse 211

Diferença 212

Pensamentos 213

A felicidade sempre me faz chorar 215

Nunca vou me esquecer 217

Indefinito 220

Oração de coração 221

Ávida vida 222

Sem fotografias 223

Meu farol na escuridão 224

Significados 225

A boa luta 226

Amor de mãe 228

Cria 229

Sementes das sementes 230

Ato covarde 231

Adeus amigo, há Deus 232

Se for preciso 233

Atrás da escuridão 235

Última batalha 236

O lamento 237

Quando sinto você em mim 238

Abnegados 239

Centelha Divina 240

Introdução

De antemão, agradeço pela gentileza de ter você como leitor destas palavras que, de alguma forma, juntaram-se em minha mente para formar o quebra-cabeça universal que é escrever um livro.

A figura do jogo que uso parece cair bem na tentativa de desvendar o dilema que é formar um todo e contar uma história, um causo, um romance, uma paixão, um amor ou mesmo seu fim.

Escrever algo com todos os ingredientes imaginados e conseguir fazê-lo em poucas palavras, como no caso de um poema, uma crônica ou outro gênero textual mais conciso, e ainda conseguir mostrar toda a visão estética pretendida, foi o que tentei fazer nos diversos temas aqui abordados.

Saber que o livro atraiu sua atenção já é motivo suficiente para agradecimento. Além disso, será um prazer ouvir sua opinião e, porque não, eventuais críticas, uma vez que aqui estão inclusos assuntos que fazem parte do que hoje em dia vivemos, a busca de um mundo melhor para todos.

Selecionar os textos que o compõem, introspectivos ou não, foi um processo que me envolveu como filho, marido, pai, avô, amigo e cidadão, na tentativa de que ficasse ao alcance de todos.

O autor.

PRAÇA ALENCASTRO
Fotógrafo: Lázaro Papazian
Data estimada no início da década de 60 do século XX

De volta a minha Cuiabá

De volta a Cuiabá, a primeira coisa que fiz após percorrer os quilômetros do percurso de táxi – que partiu do aeroporto, em Várzea Grande, desceu a Avenida da FEB, cruzou a Ponte Velha, seguiu pelas avenidas 15 de Novembro, Prainha e Getúlio Vargas, até o Hotel Santa Rosa – foi invocar as lembranças guardadas na memória. Havia muita coisa para relembrar, locais para rever, pessoas para encontrar e momentos para rememorar depois de passar tanto tempo longe.

Reencontrar pessoas queridas é como massagear o coração, até porque são criadas expectativas, tanto boas quanto ruins. Será que nos receberão bem? Terão sentido nossa falta, assim como sentimos a delas? Foi preciso administrar esse pequeno turbilhão de emoções, mistura de saudades com expectativas que agitaram a minha alma naquela ocasião. As crianças que fomos, a pré-adolescência que vivemos e as experiências que vivenciamos perambulam por minha mente, despertando o sentimentalismo latente que existe em todos nós, queiramos ou não.

Os lugares onde vivi minha infância estariam como os deixei? Alguns eram especiais – como o apartamento onde moramos, na Rua do Meio, em frente à Foto Chau; e, também, a casa de Seu Raul Vieira; o Clube Dom Bosco; o Cineteatro Cuiabá e o Cine Tropical; a rampa de acesso ao lado da ponte no Rio Cuiabá, onde íamos lavar o carro; o casarão do Seu Id Scaff; os pedregulhos no leito das límpidas águas do Rio Coxipó, na altura da Chácara do deputado Emanuel Pinheiro; a Praça Alencastro, onde encontrávamos os amigos depois da última missa do domingo – locais que sempre habitaram minha memória.

Entretanto foi só quando me aproximei da janela do apartamento onde iríamos morar que percebi a bela visão da Praça Alencastro e da obra de construção da nova catedral da cidade, que estava no lugar da antiga Igreja Matriz do Bom Jesus de Cuiabá, da qual não restava mais nada.

Eu ainda me lembrava, quando fomos para Campo Grande, de que a parte dos fundos já havia sido substituída pelo que seria a primeira etapa da nova construção, essa que, agora, praticamente concluída, aparecia na minha frente. À direita da praça, o destaque da visão era o imponente Palácio Alencastro, cuja construção, dizem, foi a justificativa para a modernização da praça que havia em seu complemento, daí terem o mesmo nome.

A Cuiabá de 1971 era uma cidade diferente daquela que deixei alguns anos atrás. A cidade dos casarões estava começando a dar lugar à metrópole dos edifícios, com seus novos bairros transformando as distâncias. O que antes era bem ali passou a ser longe, acolá, como diziam antigamente. As famílias tradicionais, que moravam no centro, ainda não tinham percebido o crescimento vertiginoso que se avizinhava e que iria mudar seu cotidiano para sempre. Era assim que a cuiabania seguia a vida tranquila que desde sempre determinou seu caráter pacífico e receptivo.

Naquela época do ano, as chuvas do verão começavam a escassear e, aos poucos, o céu adquiria a tonalidade azul-clara, bem típica da acalorada Cuiabá no início do outono. Nós havíamos voltado após longos seis anos longe da cidade que, como dizia meu pai, era o melhor lugar para se viver entre todos em que já havíamos morado.

Aqui tínhamo-nos sentido realmente em casa desde que começou nossa vida de ciganos. Essa era a forma como mamãe descrevia as constantes mudanças, acompanhando papai, um bancário que dedicou sua vida a trabalhar país afora.

Foi assim, desde que me entendi por gente, enquanto vivíamos mudando de cidade em cidade, a cada dois ou três anos. Essa era a principal razão das minhas preocupações naquela altura da vida, porque quando estávamos juntos, os três irmãos mais velhos, nunca tivemos receio das experiências que nos esperavam a cada mudança, uma vez que tínhamos uns aos outros para nos apoiar, principalmente eu, o menor dos três.

Depois que nos mudamos para o Rio, no final de 1997, tornei-me o filho mais velho morando com meus pais, porque o André Guilherme, a raspa do tacho e quatorze anos mais novo do que eu, nasceu naquele mesmo ano, quando ainda residíamos em Campo Grande, época em que Márcio e José Afonso foram estudar internos em um colégio agrícola na cidade de Jaboticabal-SP. Agora estávamos de volta, confirmando a profética frase de papai: "Quando me aposentar, volto para cá!" – Frase dita durante os dois dias de viagem de carro quando fomos para Campo Grande, em 1965.

Um ano antes, antecipando o futuro, tivemos nosso primeiro contato com o então tenente Octayde, oficial que servia no 16º BC, quartel para onde fora levado um parente que tinha sido preso como suspeito de agir contra o governo. Papai comprou alguns itens básicos de higiene pessoal e mandou-nos levar para serem entregues a seu primo Benedito Eloy Vasco de Toledo. Antes disso, ele já tinha ido ao quartel à procura de notícias, mas recebido conforme o severo protocolo militar vigente, foi orientado pelo tenente a não se envolver.

Então, naquela calorosa manhã de abril, fui dar uma volta pelos arredores à procura dos lugares por onde havia passado em boa parte da minha infância. Ansioso, saí do Edifício Maria Joaquina e desci a Rua Cândido Mariano, indo até a esquina da Pedro Celestino, na qual estava, do outro lado, o prédio do Banco da Lavoura de Minas Gerais, onde meu pai foi gerente quando viemos para cá, em 1962.

Essa visão trouxe-me a estranha sensação das mudanças nas dimensões das coisas. Aquela que a gente só percebe quando volta a um lugar onde esteve na infância e choca-se com as diferenças em relação à percepção espacial que ainda guardávamos do passado. A edificação continuava a transmitir sua imponência, mas perdera o gigantismo ante meus olhos de adolescente.

De onde eu estava pude rever, pela primeira vez, uma boa parte do meu passado. Olhando para a esquerda, na sequência da Rua Pedro Celestino, busquei as casas do Roberto, do Willian e do Ivo, os amigos que moravam por aquelas bandas. E lá estavam elas. A do Roberto, então, ainda mantinha sua porta alta e os janelões em madeira pintada naquele vermelhão que remete à cor de vinho tinto bem característica das edificações da parte mais antiga da cidade. Virando para a direita, passei a vista pelo prédio do banco e voltei a encontrar a Praça Alencastro, agora com a nova igreja, a futura Catedral Metropolitana, aparecendo ao fundo.

Essas duas estruturas guardavam em si os maiores impactos à minha visão. Quanta mudança! A reforma na praça havia modificado radicalmente sua aparência. Quanto à Igreja, então, meu Deus, como puderam fazer aquilo? Quanta decepção! Foi como se a realidade chegasse trazendo junto a tristeza para o meu coração.

Confesso que quando papai disse que voltaríamos a morar em Cuiabá, elas foram as primeiras recordações que vieram à minha memória. A proximidade da Igreja Matriz e a fé católica com que fomos educados fizeram-nos frequentadores assíduos de suas instalações. Nela fiz minha primeira comunhão e juntamente aos meus irmãos participei como coroinha em suas missas e em demais eventos religiosos. Só de lembrar daquelas missas sinto o coração bater e no nariz o inebriante odor do incenso alimentado pelas brasas do turíbulo quando balançado, no momento da consagração, época em que eu era coroinha na antiga Igreja Matriz do Bom Jesus de Cuiabá. Foi nela que entendi a importância de Jesus em nossas vidas.

Já a Praça Alencastro, assim como a Praça da República, eu tinha como *playground* da minha infância. Eram minhas principais referências de espaço relacionado à diversão, principalmente quando as comparava com as praças das outras cidades onde morei. Eu reconhecia-as como os lugares onde minha alegria passeava de mãos dadas com o prazer, posto que estavam a alguns passos de onde morávamos.

Era lá, na Praça Alencastro, que encontrávamos os amigos para combinar o que fazer, trocar gibis, figurinhas de álbuns de futebol e jogar bafo. O local trazia-me todas as lembranças daquela cidade que aos poucos começava a materializar-se diante de meus olhos. Suas calçadas, seu coreto e seu chafariz eram os lugares onde nos divertíamos, principalmente após as últimas missas dos domingos. Essa praça também era o ponto de encontro com os amigos para irmos ao Cine Teatro Cuiabá ou ao Cine Tropical assistir aos filmes das matinês. Foi nela que busquei refúgio para os momentos de introspecção, quando as primeiras indagações de menino começaram a aparecer em minha mente.

No entanto a praça que existiu até a primeira metade dos anos 60, o local onde brincávamos durante o dia e passeávamos à noite para espantar o calor, tinha sido modernizada e perdera parte do seu charme em razão de sua bucólica beleza. Uma de suas características eram as alamedas, por onde se perambulava, oportunidade em que os rapazes caminhavam no sentido contrário ao das meninas de modo que os olhares se cruzassem a cada volta. Sabe-se lá quantos namoros tiveram início nesse circuito aleatório ao som das retretas, tocadas no coreto e sob a efêmera luminosidade da Lua, que sempre se fazia acompanhar das antigas luminárias instaladas em postes de aço fundido. Apesar da pouca idade, foi passeando nela que, como muitos daquele tempo, tive minhas primeiras paixões.

Quem, daquele tempo, não sente falta dos antigos bancos de concreto sem que se destacavam as propagandas das lojas ou dos nomes de seus beneméritos doadores. Os assentos, muito além de meros locais de descanso, eram verdadeiros palcos para animadas conversas sobre o cotidiano e sobre a política, uma das paixões dos cuiabanos. Também não estava lá o chafariz, sumariamente demolido. Nem o antigo coreto, que antes era usado para as retretas dos sábados e dos domingos, quando não era tomado pela gurizada, que subia por suas escadas e pulava dos parapeitos durante as correrias e brincadeiras.

Aquela antiga estrutura que tinha sido trazida da Alemanha, em 1903, foi levada integralmente para a Praça Ipiranga, onde residia desajeitada e mal-usada. Em seu lugar foi construída uma moderna fonte luminosa, cujos jorros multicoloridos de água dançavam, seguindo os ritmos das músicas tocadas em seus alto-falantes, um claro recado das mudanças que estavam por vir no futuro.

Algum tempo depois, ainda em 1965, a antiga praça foi substituída por outra, com a justificativa de dar ao lugar ares de modernidade e tornar-se um complemento paisagístico coerente com o novo palácio do governo. Isso foi algo que, certamente, não encontrou guarida na maioria dos cuiabanos devido ao valor histórico e ao apego sentimental.

Tudo sumiu da vista, mas não da memória. Sua existência estará permanentemente fixada em meu coração, assim como alguns antigos casarões, heroicos sobreviventes de um saudoso passado que Estevão de Mendonça bem descreveu quando a traduziu, dizendo ter sido ela a primeira praça pública da cidade. Construídos em complemento ao seu esplendoroso entorno, os mais importantes órgãos públicos do estado e do município.

O nome da praça é uma homenagem ao presidente da Província de Mato Grosso, coronel José Maria de Alencastro, que enfrentou grande resistência ao decidir construir a praça. Naquela época, o espaço era chamado de Jardim Público ou Largo do Palácio. Desde então, passou a ter grande importância na vida dos cuiabanos.

No início dos anos 60, quando viemos para cá pela primeira vez, Cuiabá tinha pouco mais de cinquenta e seis mil habitantes. Suas principais atividades estavam ligadas à gestão pública do estado e, por conseguinte, de si mesma como capital. Girando uma no entorno da outra, aquelas duas instâncias de governo ditavam o ritmo de quase tudo que dizia respeito às questões sociais, econômicas ou políticas. Assim, a vida ia sendo tocada no ritmo próprio dos cuiabanos, não muito rápida nem tão lentamente, a ponto de justificar a zombaria a que era submetida devido à sua dinâmica diferenciada em relação ao sul-sudeste do país.

Como dito anteriormente, Cuiabá era bucolicamente linda e tinha quase todas as ruas do centro antigo pavimentadas em paralelepípedos. Uma das raras exceções era a Rua Campo Grande, no trecho entre a Igreja da Boa Morte e a Rua Comandante Costa, onde morava Júlio Müller. Seu casarão, na esquina das duas ruas, tinha aquela magia percebida pelas crianças como lugares especiais, que ficam indeléveis em suas mentes infantis graças talvez à geometria espacial. Nessa fase da vida tudo fica desproporcionalmente maior, e é assim que a memória mantém as histórias criadas em nosso imaginário.

Para mim, aquele casarão enorme, com paredes caiadas, altas assim devido ao pé direito daquela típica habitação colonial portuguesa, era complementado por grandes portais e janelões de madeira que pareciam dar acesso a um passado ainda mais anterior. Aos meus olhos, Júlio Müller parecia um personagem saído das histórias que nos contavam sobre certo protagonista do Natal. Só lhe faltava a barba branca, porque, de resto, tudo nele remetia ao bom velhinho.

Naquele tempo, agindo como todos os irmãos mais velhos fazem até hoje, os meus sempre davam uma desculpa para se desincumbirem de ir buscar o leite que seu Júlio vendia, sem perceberem que aquele era um de meus maiores prazeres. Além do mais, dependendo da época, sempre tinha uma surpresa, por mais singela que fosse, como ganhar um punhado de bocaiuvas, de jabuticabas ou de nacos de rapadura, entregues pelas enormes e carinhosas mãos daquele grande homem.

Voltando à minha primeira jornada pelos arredores de onde estava e descendo mais um pouco a Rua Cândido Mariano estava a Rua do Meio, onde morei naquele outro tempo. Lembro que seu nome foi motivo de interesse peculiar devido à curiosidade natural diante do fato de a chamarem por um nome diferente daquele das placas fixadas nas paredes das casas.

Meu pai esclareceu que na época da fundação do antigo vilarejo, os nomes do arruamento estavam diretamente relacionados às suas posições na malha urbana original da vila que se tornou cidade. Daí a razão pela qual ela ficou conhecida inicialmente como a Rua do Meio e depois recebeu outros nomes, até ser finalmente denominada Rua Ricardo Franco.

Em Cuiabá, a forma antiga de chamamento das ruas sempre foi característica marcante, tanto quanto o costume de apelidar as pessoas em função de alguma particularidade engraçada. Nesse caso, a Rua do Meio era assim conhecida porque ficava entre a Rua de Baixo, ou Galdino Pimentel, e a Rua de Cima, a Pedro Celestino.

Estreita e pavimentada em paralelepípedo, como quase todas as ruas da cidade, a Rua do Meio era habitada em sua maioria por comerciantes, que geralmente moravam nos fundos das lojas, além de outros tipos de negócios nela instalados.

Era uma mescla de origens muito interessante, porque, além dos cuiabanos nativos, ali estavam turcos, sírios, libaneses, chilenos, portugueses, japoneses, entre outros. E, também, Lázaro Papazian, ou Seu Chau, um fotógrafo de origem armênia, muito conhecido e querido, que recebeu esse apelido graças à forma peculiar com que cumprimentava a todos.

Nós morávamos em um dos apartamentos do prédio de três andares, localizado bem em frente à Foto Chau, que, naturalmente, também era a residência da família Papazian.

Continuando minha busca de reminiscências, vi-me parado na frente da porta da casa da família Boabaid, bem na esquina da Rua Cândido com a Rua do Meio, com o Armazém Chileno do outro lado da rua. Ali tive de respirar fundo enquanto meus olhos piscavam quase no mesmo compasso com que meu acelerado coração palpitava.

Daquele ponto para frente, a Cândido Mariano ficava ainda mais estreita, praticamente um beco, com estreitíssimas calçadas seguindo em ladeira até a Rua de Baixo, passando pela Praça Caetano de Albuquerque até a rua da Prainha ou Avenida Tenente Coronel Duarte. Quando mudamos de Cuiabá, a Prainha ainda era um córrego, e em dias de chuva era comum encontrar pessoas garimpando ouro nos cascalhos a sua volta, resultado da lavagem natural das ruas pelas águas das chuvas que desciam até seu leito.

À esquerda do lugar em que eu estava, a Rua do Meio seguia e logo começava a fazer uma suave curva rumo à Rua de Cima, o que impedia a visão de seu final. Para lá também moravam vários de meus amigos de infância, entre eles o Henrique e o Raul, o Tércio e o Beto. Eu já falei sobre a mania dos cuiabanos com apelidos e o Beto e o Henrique são exemplos típicos dessa forma pitoresca, e até amável, de tratar as pessoas, mas não vou tratar disso agora. Ao virar para o outro lado procurei alcançar com os olhos a Praça da República, onde a rua tem seu início.

Nesse momento, meu coração, que já estava agitado, ficou ainda mais acelerado. É que avistei Dona Nana e Seu Raul Vieira vindo em minha direção. Provavelmente, tinham saído de sua residência e estavam a caminho da casa de seu filho Augusto Mário, pai de meus inseparáveis amigos Raul e Henrique. Como dentro de uma moldura de quadro antigo, lá também estavam Seu Chau e sua esposa, Dona Adelaide, pais do Gonçalo Papazian e do Pedro, outros dos meus inesquecíveis amigos de infância. Já a Praça da República, essa aparecia atrás deles, como um épico pano de fundo.

Fiquei ali, estático, enquanto Dona Nana e Seu Raul passavam sorrindo, sem saber quem era aquele rapazote magricela, sorridente e visivelmente emocionado que de modo amável cumprimentava-os com um aceno de cabeça. Esperei alguns instantes até a adrenalina baixar, voltei a respirar fundo e segui em direção à Praça da República.

Recuperado o fôlego, fui ao encontro dos pais do Gonçalo, nossos vizinhos muito queridos, principalmente pela grande amizade de mamãe com Dona Adelaide. No Foto Chau assistimos muitas vezes aos filmes de desenho animado que o fotógrafo passava para seus filhos e para a gurizada da rua. Dona Adelaide logo me reconheceu, percebi em seus emocionados olhos umedecidos pelas lágrimas, enquanto perguntava por meus pais.

Não foi difícil começar a me sentir novamente em casa, afinal os anos haviam se passado, mas tudo estava em seu antigo lugar. Seu Raul e Dona Nana, Seu Chau e Dona Adelaide, meus amigos, o prédio onde morei, o Foto Chau, a alfaiataria do Seu Pedroso, a Casa Carmem, o Bilhar do Pinheiro, os paralelepípedos do calçamento, quase tudo daquele trecho da Rua do Meio estava lá, como eu a tinha na memória.

Naquela época, a maioria das ruas ainda guardava o pavimento em paralelepípedo, mas em alguns trechos essas pedras já começavam a desaparecer cobertas pelo asfalto. O calçamento antigo estava sendo literalmente sepultado, assim como muitas outras características da cidade que ainda restavam em minha memória.

É interessante perceber a relação da cidade com seu calçamento. Os mais antigos certamente ainda se lembram de que a cidade era bem mais fresca e segura com o antigo calçamento das ruas. Asfaltá-las foi um equívoco que poucos administradores públicos aceitariam reconhecer, porque além de prejudicar as questões de segurança e temperatura ambiental, pavimentar as ruas do centro da cidade com asfalto desfigurou sua história e pouco trouxe de benefício, exceto tornar a passagem dos veículos menos trepidante.

Salvo engano, naquele tempo (1971), exceto por um trecho da Avenida Getúlio Vargas, já pavimentado em concreto, e um trecho da Rua Barão do Melgaço, em blocos sextavados, as outras eram de paralelepípedo ou em pedra cristal, como citado anteriormente, na Rua Campo Grande, onde morava Júlio Müller.

A cidade era bem menos quente e como consequência da rudeza do piso tinha o trânsito mais lento ou, como prefiro dizer, mais tranquilo. Eram outros tempos, outra vida e, porque não falar, outra cultura. A cidade era praticamente só dos cuiabanos, de outros mato-grossenses e de alguns poucos paus-rodados, como minha família.

Nós, que vínhamos de fora, éramos chamados de "paus-rodados" no dizer típico dos cuiabanos ao nos relacionar aos galhos que, descendo pela correnteza do rio, acabam encalhados nas praias ou engastados na vegetação. Uma maneira singelamente jocosa de dar boas-vindas aos que aqui chegavam.

Quanto à Praça da República, ela tinha em seu centro um pequeno obelisco de ferro representando a Justiça e cercado por uma mureta. De seu setor central em formato circular partiam alamedas que se interligavam a outros setores circulares menores, localizados em cada um de seus cantos, onde estavam instalados bancos com frondosas árvores a sombreá-los. Era nessa praça que brincávamos a correr nas tardes de chuva para nos refrescarmos do calor típico da cidade nos dias quentes de verão, e a catar os coquinhos caídos das palmeiras que lá havia durante nossas férias de fim de ano.

Cercada por prédios importantes, como o dos Correios, o Palácio da Instrução, a Escola Modelo Barão do Melgaço e o Hotel Esplanada, a Praça da República também determinava o início da Rua 13 de Junho. Seu principal papel, porém, sempre foi o de fazer as vezes de praça matriz, posto que suas largas e baixas muretas pareciam ter sido feitas para servir de assento para as pessoas aguardarem o início das funções religiosas da principal igreja da cidade.

Era abril quando chegamos e o ano letivo já havia começado. Mesmo assim tentamos fazer minha matrícula na Escola Técnica, e quem nos recebeu para conversar sobre o assunto foi o coordenador de Ensino da instituição, o tenente Octayde, então reformado como coronel. Ele, com a sinceridade que depois descobri sempre lhe foi peculiar, disse da impossibilidade da minha matrícula devido à falta de vagas e ao andamento do ano letivo, razão pela qual fui estudar no Liceu Cuiabano.

Até hoje, o Liceu Cuiabano é a mais majestosa edificação de ensino da cidade, com estrutura típica da época em que foi construído. Algumas de suas salas de aula tinham o formato de auditório, com cada linha de carteiras colocadas um degrau acima da imediatamente anterior, partindo do local onde estava a mesa do professor, caso específico da classe em que estudei no ano em que lá estive como aluno.

Pois bem, no primeiro dia de aula que pude frequentar, procurei chegar mais cedo para ver se conseguia entrar na sala antes dos outros alunos e passar os primeiros momentos despercebido, evitando, assim, o constrangimento característico desse tipo de situação. No entanto, quando fui à Secretaria para me informar onde ficava a classe para a qual eu devia dirigir-me, o diretor, professor Luiz Mariano, ao saber da minha presença, fez questão que eu aguardasse a chegada de todos os alunos para, só então, irmos até lá, de maneira a apresentar-me ao professor.

Era tudo o que eu não queria que acontecesse e, com isso, acabei chamando ainda mais atenção, sobretudo enquanto caminhávamos pelos longos corredores do Liceu. Minha altura, um pouco fora dos padrões da época, deve ter feito com que fosse visto como um estrangeiro, de tanto que me olhavam. Isso se confirmou quando finalmente chegamos à ultima porta do setor direito do prédio.

"Só pode ser gente de fora", disse um dos alunos enquanto me observava entrar na classe do primeiro ano do segundo grau, na qual eu estudaria. Assim que chegamos, a maioria dos alunos já havia entrado e o professor Rômulo estava com a folha de presença nas mãos.

– Professor Rômulo! – exclamou o diretor, interrompendo a chamada. – Preciso que o senhor receba um novo aluno. Ele se mudou para cá há pouco tempo e passará a estudar conosco este ano. Peço ao senhor que o acomode em aula enquanto providenciamos a inserção de seu nome na lista de presença.

Foi assim que reencontrei a saudosa Cuiabá da minha infância.

Clarita menina

Ao cair da tarde, a Praça da Alencastro entrava no torpor característico de fim de dia, quando o calor avança pelo entardecer e segue com a mesma sensação noite adentro. Já naquele tempo, a temperatura impunha continuar usando as roupas leves do verão, embora já estivéssemos no outono.

Era assim que as estações comportavam-se por aqui, ou seja, o clima continuava quente e abafado, tanto que no quarto andar do Edifício Maria Joaquina, a sensação térmica era igual àquela sentida pelas pessoas que estavam na praça. Ali, os cuiabanos aproveitavam a travessia para exercitar uma de suas principais características, o bate-papo, costume que se estendia pelas ruas com todos que se encontravam durante o caminhar sem pressa na volta para casa.

Naquela hora, as crianças já tinham tomado banho e brincavam na frente do casario, enquanto os mais velhos esperavam a chegada da noite debruçados em seus janelões ou acomodados nas espreguiçadeiras esparramadas pelas calçadas e ruas estreitas do centro antigo da cidade. Assim, os que se dirigiam para casa iam parando aqui e acolá para *d'jogar* conversa fora e colocar os assuntos em dia, como se diz em cuiabanês castiço.

Era quando ela aparecia por debaixo das folhagens das palmeiras imperiais que circundavam a praça em uma imagem que já me hipnotizava desde aquele tempo. Razão pela qual lembro de cada detalhe daqueles momentos que, muito embora pudessem parecer insignificantes, na verdade emolduravam a passagem inesquecível de Clarita no esplendor de seus 13 anos.

Caminhando lentamente, como que distraída, mas sempre atenta a tudo, aquela menina descia a Rua Cândido

Mariano rumo à padaria que ficava do outro lado na Praça Alencastro. Era nessa hora de fim de tarde que o pão saía dos fornos da padaria Jovem Pão para compor o lanche da tarde das famílias cuiabanas.

Às vezes, Clarita vinha acompanhada de uma de suas irmãs, mas quase sempre estava só. É que também era hora do banho. Ela, como a mais velha da prole, tinha a função de buscar o pão e o maço de cigarros do pai. Para muitas crianças, essa tarefa era entediante, mas não para ela. Desde cedo, Clarita gostava das saídas e toda oportunidade era encarada como um passeio, nunca como uma coisa enfadonha, bastava olhar seu jeito alegre de ser para logo perceber isso.

Mesmo da janela dava para perceber o encantamento de sua expressão. Seu rosto, embora sério, não conseguia conter um disfarçado sorriso, que deixava à mostra a alegria despreocupada da menina e, ao mesmo tempo, a sagacidade da juventude que começava a desabrochar. A consciência da missão vespertina de ir buscar pão e passar na banca de revistas, no canto da praça, para comprar o jornal diário de seu pai, inibiam-na de corresponder aos flertes dos garotos que cruzavam seu caminho, certamente tão encantados quanto eu.

Seus longos cabelos castanhos, com mechas naturalmente alouradas pela ação do sol, iam presos em um ondulado rabo de cavalo, que balançava no ritmo de seu lento caminhar. Cruzava a praça como se um marcador de compasso musical orquestrasse os seus passos. De resto, a permanente franja em sua testa já era marca registrada na composição de seu tranquilo semblante.

Desde aquela época, sua aparência já estava definida pela mistura genética das tradicionais famílias cuiabanas que compõem sua origem. A pele clara, que confirmava seu próprio nome, já emprestava ao seu rosto a beleza suave e irradiante simultaneamente. Os olhos quase negros, qual jabuticabas maduras, o cabelo castanho-claro e o perfil esbelto emprestavam-lhe particular e diferenciada beleza.

Assim, a escolha do nome Clara Maria coube-lhe mais como uma intuição dos pais do que por casualidade do destino. Aos 13 anos, Clarita já tinha desenvolvido a postura firme e decidida que demonstrou durante todos os desafios que juntos enfrentamos, o que dá a permanente impressão de que ela nunca será alcançada pelo tempo. Ainda hoje, seu semblante apresenta a mesma expressão de ternura que já a diferenciava, porque, apesar do tempo decorrido, da chegada dos filhos, dos quarenta e quatro anos de casamento, das agruras e das alegrias pelas quais passamos juntos, a vida continua a preservá-la, sem apresentar as sequelas naturais que a idade faz questão de deixar em nossos corpos e mentes.

A primeira vez que a vi tínhamos acabado de mudar para o Edifício Maria Joaquina. Então, naquela tarde, quando estava observando a paisagem da cidade da janela de meu quarto com Henrique, meu inseparável amigo de infância, ela apareceu de novo e perguntei a ele se sabia quem ela era. A pergunta foi acompanhada de uma referência em relação ao futuro, algo como uma premonição sobre nossas vidas. Disse aquilo porque havia ficado encantado com a visão, e o fato de ele poder satisfazer minha curiosidade só fazia alimentar o desejo de, no futuro, casar-me com alguém como aquela linda menina.

Henrique, em seu modo peculiar de pronunciar certas palavras, disse tratar-se de Clara Maria ou Cleri – era assim que ele pronunciava Clarita –, e mostrou-me que da área de serviço do apartamento dava para ver a casa onde ela morava. De lá avistei um enorme terreno encravado bem no meio da quadra, formada pelas ruas Cândido Mariano, Pedro Celestino, Campo Grande e Barão do Melgaço. Nesta última, a Barão de Melgaço, estava o portão que dava acesso àquele belo espaço.

Lá havia a casa em sua área central e um enorme quintal, no qual ela ainda permanecia subjugada pelas brincadeiras. As irmãs menores e outras crianças juntavam-se diariamente naquele enorme espaço, onde a alegria parecia ter presença cativa. Um verdadeiro parque de diversões do qual, muito tempo depois, nossos filhos também puderam desfrutar.

A menina Clarita já tinha os olhos ágeis, que buscavam captar tudo que se passava ao redor e que, ao mesmo tempo, não lhe permitiam concentrar-se mais do que alguns décimos de segundo em cada foco. A ela não interessavam os detalhes, mas o todo, o conjunto. Talvez por isso não tenha me percebido nas diversas vezes em que cruzei seu caminho por morarmos tão próximos. Naquele tempo, eu era apenas mais um sujeito a passar, o que me permitiu vê-la como a descrevo agora. Depois disso, mudamos para uma residência longe da praça e nunca mais a vi.

Naquele dia, então, Henrique havia passado o tempo todo comigo, oportunidade em que conversamos bastante sobre os tempos em que estudamos juntos. Lembramo-nos dos colegas e das amizades que cultivávamos desde aquele tempo, e também o que tinha acontecido conosco depois que fui embora com meus pais. Eu estava de volta por causa de um fato especialmente destacado por meu pai, quando nos comunicou da possibilidade de enfrentarmos as agruras de mais uma mudança devido a sua carreira profissional como bancário.

As experiências que enfrentávamos de tempos em tempos não nos haviam permitido cultivar muitas amizades, pois era pouco tempo de residência em cada lugar. Porém os quatro anos que passamos ali tinham sido especiais.

Enfim, quando papai disse que, daquela vez, poderíamos optar entre dois destinos, um conhecido e outro desconhecido, dizendo que Cuiabá era o local conhecido, imediatamente abrimos mão da hipótese do desconhecido sem ao menos ter a curiosidade de saber qual seria. Se havia uma cidade da qual sentíamos saudades, essa era Cuiabá, porque, entre todos os lugares por onde havíamos passado, ela destacava-se, com particularidades que a deixaram inesquecível, com destaque para a hospitalidade de seu povo.

Durante muito tempo ouvi meus pais falarem dos momentos felizes que haviam passado quando moramos aqui, no início dos anos 60, e do desejo de voltarem a morar nessa cidade pelo resto de suas vidas quando ele se aposentasse. Pois bem, essa oportunidade surgiu um pouco antes do que esperavam. Então, mesmo passados tantos anos, vimos confirmadas nossas esperanças, porque fomos recebidos como se tivéssemos apenas saído de férias e o tempo não houvesse passado.

Naturalmente, seis anos é muito, as pessoas crescem, envelhecem, criam novas famílias, a cidade moderniza-se, afinal o tempo passa para tudo e para todos. Entretanto os cuiabanos sempre foram pródigos em bem receber e dessa vez não foi diferente.

Passado um ano, eu e Henrique estávamos de carro, indo pela Rua Barão do Melgaço, a caminho do encontro com a turma. Quando passamos por algumas meninas, andando de bicicleta, ele chamou a minha atenção para dizer que uma delas era Cleri, a menina sobre quem eu lhe falara da janela do apartamento. Em tom de brincadeira, comentou o fato de ser ela a mulher com quem eu estava predestinado a casar-me. Tratei de dar a volta na quadra para passar novamente por elas e pude, enfim, conhecê-la, a essa altura já com 14 anos e transformada na linda garota que eu imaginara. Seu rosto, então, esse parecia ainda mais angelical.

Dizem que a primeira impressão é a que fica

Quando finalmente nos conhecemos, ela disse ter tido uma péssima impressão a meu respeito. Na ocasião, nós literalmente cercamos as meninas, que estavam em seu passeio de bicicleta, bem na esquina das ruas Campo Grande e Barão de Melgaço, quase na frente da casa de Clarita.

Como era costume nos sábados pela manhã, eu saía de casa na companhia de Henrique para darmos umas voltas e irmos à pracinha da Igreja Boa Morte para encontrarmos a turma e combinar o que fazer no resto do final de semana. Escalziles morava por ali e nos degraus na frente da casa dele ficava nosso ponto de encontro. No caminho, Henrique avistou um grupo de meninas passeando de bicicleta, e entre elas viu Clarita. Havia se passado mais de um ano desde que tínhamos falado sobre ela, quando a mostrei da janela do meu quarto.

– Vamos lá! Me apresenta!

Passamos por elas bem devagar, de maneira que o Henrique, colocando a cabeça para fora do carro, chamou "Cleri", no seu jeito peculiar de dizer o nome dela.

As meninas pararam, mas não chegaram perto do carro. Ficaram lá, a distância, olhando para nós sem entender o que se passava e sem saber de quem se tratava. Só depois, e com alguma relutância, é que fomos apresentados.

– Cleri, este é Marcelo. Meu amigo que quer te conhecer. Marcelo, esta é Cleri.

Então pairou aquele lapso de tempo, silencioso, curioso e indeterminado, que acontece nessas ocasiões.

– Olá! Como vai? – disse eu.

– Prazer – respondeu ela, terminando a apresentação com um sonoro tchau.

Foi assim, curto e rápido, ocasionado principalmente pela natural timidez e recato de Clara Maria, características que a acompanham até hoje.

O rosto continuava angelical, mas a agora adolescente estava ainda mais radiante. Seus cabelos presos mantinham a franja esvoaçante, marca registrada desde criança, como mostram as fotos de família. Clara Maria havia crescido, e foi nesse dia que ouvi sua voz pela primeira vez. Clarita, seu apelido, sempre fez mais justiça a ela, porque a sonoridade do apelido traduz com perfeição sua personalidade. Sua primeira impressão a meu respeito não foi nada boa. Segundo ela, naquele momento, pensou: "Afinal, quem era aquele sujeito magricelo, cabeludo, barba por fazer, com espinhas no rosto e, acima de tudo, petulante, a ponto de cortar o meu caminho bem em frente ao portão de casa. O que Henrique está pensando quando vem me apresentar essa pessoa, com a conversa mole de que ele queria me conhecer?"

Foi assim, rápido e marcante, o nosso primeiro contato, para mim em um sentido, para ela em outro. O que importa é que o tempo nunca apagou esse momento das nossas memórias.

Na versão de Clarita, eu olhei-a de cima a baixo, com a expressão de quem concentra a visão, buscando mais os detalhes fisiológicos do que os aspectos sociais de uma apresentação. Quando nossos olhares se cruzaram, ela já demonstrava sua irritação, tanto que a palavra *prazer* logo foi acompanhada daquele seco *tchau*, de terminando o final de nossa curta primeira conversa.

– Ferrou, Marcelo. Ela não gostou nadinha de você! – disse Henrique, com seu irônico sorriso. E lá fomos nós ao encontro da turma da Boa Morte.

Só voltei a encontrá-la novamente no ano seguinte, quando ela começou a estudar na Escola Técnica Federal, onde eu já era aluno. Foi no intervalo das aulas que a vi em um grupo de novas alunas, todas vindas do Colégio Coração de Jesus.

Clarita estava radiante. Tinha os cabelos presos de um jeito que pareciam soltos, com apenas uma pequena quantidade que, vinda das laterais, passava por uma presilha atrás da cabeça. Nós nos vimos quase ao mesmo tempo, e foi bastante intensa a nossa troca de olhares. Deu para sentir o coração bater descompassado e o tempo passar lentamente. Foi bem diferente do nosso primeiro encontro. Com certeza, ela lembrou-se de mim, restava saber se isso era bom ou ruim. E só tinha um jeito de saber.

Decidi aproximar-me enquanto elas conversavam distraídas, exceto Clarita, que me acompanhava com os cantos dos olhos. Passei ao lado, dando um "Oi" geral, mas olhando somente para ela. E segui em frente. Depois de afastar-me alguns passos, pude ouvir um longo "Hummmm", acompanhado de um murmurinho que denunciou sua reação ao meu cumprimento.

No final das aulas daquele dia, fiquei aguardando por ela no portão de saída da escola. Dessa vez, sem desvios, olhamo-nos por alguns segundos, o suficiente para ter certeza de que sua segunda impressão a meu respeito era outra. A primeira impressão não havia permanecido.

Deu no que deu e o jardim virou praça

Agora, toda vez que passo pela Praça Alencastro lembro-me do livro *Tempos idos, tempos vividos,* de autoria de meu saudoso mestre e sogro, coronel Octayde Jorge da Silva.

Relendo suas crônicas encontrei várias referências à Praça Alencastro. Rememorei que aquela praça fora, antigamente, um majestoso jardim antes das transformações pelas quais passou, tanto que era conhecida pelos mais antigos como Jardim Alencastro.

Na verdade, o espaço começou a ser desfigurado anos antes e aos poucos foi transformando-se em praça. Desde então, o Jardim Alencastro nunca mais foi o mesmo.

Eu o conheci no início da década de 60, antes de ser reformado para receber o chafariz das águas iluminadas. Já dessa vez acabou perdendo seu bucólico encanto, assim como o coreto, transladado para a Praça Ipiranga.

Para completar, boa parte de suas árvores e plantas foram substituídas por outras sem o mesmo viço e formosura, como diria o coronel Octayde. Entretanto creio que o que mais faz falta aos cuiabanos – escrevo porque a mim faz muita falta – são os bancos. Como sinto falta daqueles assentos tão harmoniosamente distribuídos em seu entorno e nos caminhos que permeavam seu interior. Alguns tinham até personalidade própria, vez que recebiam gravuras com propagandas e, em certos casos, os nomes das famílias doadoras. Com formato anatômico e aconchegante, estavam quase que permanentemente ocupados por grupos de pessoas que neles sentavam-se para passar as horas em bate-papos sem fim. Isso sem falar dos casais de namorados aninhando-se em cochichos amorosos.

Eram assentos democráticos onde se tratava de tudo, mas, principalmente, de política, já que fazia vezes de jardim do Palácio Alencastro, sede do governo estadual e que lhe emprestava o nome. Aqueles bancos também emprestavam à praça ares de antessala das inesquecíveis calçadas cuiabanas, tal como era o costume nos fins de tarde da Cuiabá de antigamente – a Cuiabá dos tempos da antiga Praça Alencastro.

Isso tudo sem falar das deliciosas horas de alegria e confraternização de todos que a frequentavam nas noites de domingo. Logo após a missa na Igreja Matriz do Bom Jesus de Cuiabá, íamos passear em suas inesquecíveis calçadas antes de voltarmos para casa ou tomar outro rumo nas deliciosas noites cuiabanas daqueles tempos.

Assim como seus bancos, as cadeiras nas calçadas sumiram, nesse caso devido à insegurança dos tempos modernos – vai colocar uma cadeira para sentar-se na calçada hoje em dia para ver o que acontece!

Pois é! Deu no que deu. Essas e outras *cousas*, como também diria o coronel, há muito tempo passaram a ser só saudades.

Acabou-se o que era doce

Nas décadas de 60 e 70, o centro de Cuiabá era uma mistura de residências, comércio e serviços, além, naturalmente, dos prédios públicos municipais e estaduais, razão de ser da capital, onde tudo acontecia em torno da Igreja Matriz Catedral do Bom Jesus e demais igrejas não menos importantes. Essa herança vinha do modelo de povoado que cresce com sua origem em um garimpo, somado aos costumes europeus trazidos para estas bandas pelos colonizadores portugueses com a "Entradas e Bandeiras".

Diz a história que vieram bater aqui à cata de índios para serem escravizados e depararam-se com o ouro aflorando nos pedregulhos do Rio Coxipó e Córrego da Prainha. O mesmo enredo conta que ao indagarem por locais onde houvesse mais daquelas pedras amareladas foram primeiro apresentados aos favos de mel do serrado para, só depois, ao ouro, que seria das lavras do Sutil. Essa história virou até enredo da Escola de Samba Mocidade Independente Universitária, dos bons tempos do carnaval de rua em Cuiabá.

Os paralelepípedos ainda predominavam no calçamento das ruas do centro, exceto pelo trecho da Avenida Getúlio Vargas, na altura do Colégio Estadual. Durante o dia, as calçadas eram somente dos pedestres, sem o atrapalho de barraquinhas e vendedores ambulantes. Naquela época, apenas vendedores de peixe, frutas e verduras, em seus carrinhos de madeira ou mesmo cavalo e carroças, perambulavam pelas ruas, atendendo clientela certa e entregando encomendas. Quando em vez, passava alguém vendendo pixé (paçoca cuiabana), pirulitos, picolés e quebra-queixo.

CUIABÁ MEU ENCANTO

O que mais importava era divertir-se com a gurizada. Aproveitávamos qualquer oportunidade para passear de bicicleta, fazendo percursos pelas praças e ruas pouco movimentadas, sobretudo aos fins de semana, desfrutando da temperatura amena das manhãs.

Outra diversão era esperar pela chuva do fim de tarde e correr para as praças da República, Ipiranga e Alencastro para refrescar o calor do corpo. Era uma algazarra só! Jogávamos bola, queimada, bolita (bola de gude para os paus-rodados), pião e bafo. Brincávamos de capa-espada, car-men (assim apelidada a brincadeira de bandido x mocinho), pegador e esconde-esconde, essas preferencialmente em volta do coreto da Alencastro.

Antes do fim da tarde de domingo não dava para perder o Cine Teatro Cuiabá, mesmo que o filme fosse repetido. A intenção maior era mesmo aproveitar a chance de trocar figurinhas e gibis com a gurizada que ia assistir à matinê. Finalizando os fins de semana, tínhamos os passeios pelas calçadas da Praça Alencastro logo depois da última missa do domingo.

Assim eram os meninos das ruas do Meio, de Cima e de Baixo. Só quem estava lá pôde aproveitar. Quem não foi coroinha não sabe da missa a metade.

Pois é... Acabou-se o que era doce.

Os flamboaiãs da Avenida Getúlio Vargas

Quem de nós, com mais de 50 anos, não se lembra dos floridos flamboaiãs que enfeitaram as ruas e as praças de nossa cidade até os anos 70, especialmente a Avenida Getúlio Vargas?

Pois é... Eles fizeram parte do belo passado da antiga e saudosa Cidade Verde, como era conhecida a Cuiabá da nossa infância e juventude.

Quando da decisão de removê-los, não deve ter sido difícil encontrar argumentos que justificassem a necessidade do procedimento, considerando, principalmente, as características aéreas de suas fortes e superficiais raízes, além de outras razões que culminaram por promover essa radical decisão.

Acreditem, também deve ter contribuído para isso a singular beleza da abundante produção de flores e sementes que, na visão de alguns da época, sujavam em demasia as calçadas e a via. Faltou muito, e em especial, o necessário espírito preservacionista em relação à extinção daquelas maravilhosas árvores.

Pelo que se sabe, nem ao menos houve preocupação em produzir mudas com suas sementes para que fossem plantadas em local adequado. Esse cuidado certamente manteria vivos os acalorados tons vermelho-alaranjados que resplandeciam durante as floradas nas primaveras daqueles tempos, quando a velha avenida ficava ainda mais cativante, motivo pelo qual foram eternizadas pelas lentes do fotógrafo Pierre Marret.

CUIABÁ MEU ENCANTO

A memória da igreja

A Igreja Matriz do Senhor Bom Jesus de Cuiabá passou por várias reformas e reconstruções antes de meu retorno para cá. Por isso mesmo não falarei do passado mais distante, mas do início dos anos 60, época em que a conheci e de sua maior influência sobre mim. Depois disso, ela sofreu sua última, grande e decisiva transformação, em agosto de 1968.

Naquela ocasião, a igreja foi dinamitada para que conseguissem, a muito custo, derrubá-la totalmente e dar lugar à moderna estrutura clássica que hoje ocupa seu lugar, a qual passou a ser chamada de Catedral Basílica do Senhor Bom Jesus de Cuiabá.

Em 1971, quando retornei, a nova igreja, a Catedral Basílica, já estava em fase final de construção. Na época estavam concluindo a montagem do grande painel de pastilhas coloridas que fica atrás de seu altar-mor e mostra a figura do Senhor Bom Jesus de Cuiabá. Esse "antigo altar-mor" foi o único dos cinco totalmente vendido a um antiquário que, dizem, *coincidentemente*, por aqui passava.

Isso ainda é algo incompreensível para aqueles que nunca se conformarão com esse "trágico incidente", nas palavras dos pesquisadores e historiadores que trataram do assunto. É provável que algumas peças estejam nas casas de famílias, certamente dadas a título de agradecimento a colaboradores. Sendo verdade, isso torna tudo ainda mais revoltante.

Minhas principais lembranças são dos tempos em que fui coroinha, a ponto de ainda estarem firmemente enraizadas na memória. Uma delas diz respeito às dimensões da edificação, pois ainda tenho a sensação de que a antiga igreja era maior do que a atual. Provavelmente devido à noção de espaço de meus olhos infantis, vez que vou continuar vendo-a com emoção. Tal sensação vem mais do coração do que da razão, e isso sempre irá conspirar a favor da ligação sentimental que tenho por aquela que será eternamente a minha Igreja Matriz do Senhor Bom Jesus de Cuiabá.

De forma geral, ao rever as poucas fotografias que restaram de seu antigo interior, que estão disponíveis no Museu de Arte Sacra de Mato Grosso, recordei que seus cinco altares resplandeciam em contornos dourados sobre fundo branco. Essa característica está presente em todas as suas colunas, nichos, detalhes e anjos, mas, principalmente, nestes últimos, os anjos que frequentavam seus altares. Digo frequentavam porque a mim pareciam estar por ali passeando de um lado para o outro, cantarolando músicas celestiais entre o Senhor Bom Jesus de Cuiabá, a Nossa Senhora da Conceição, a Nossa Senhora de Sant'Ana, a Santa Terezinha e o altar do Sagrado Coração de Jesus. Em todos eles também estavam imagens de diversos outros santos e santas de devoção, todos devidamente aninhados em nichos sobre pilaretes ou mesmo apoiados nos balcões dos altares.

Diante do Altar do Sagrado Coração de Jesus, todos ficávamos tristes ao ver o Coração de Jesus, representado por uma peça em feltro escarlate, permanecer repleto de espinhos até que crianças vestidas de anjos os retirassem. Isso acontecia em uma cerimônia dolorosa, mas ao mesmo tempo reconfortante, que se realizava todos os anos durante o mês de junho.

Para mim era puro prazer caminhar por seu interior enquanto ela ainda estava na penumbra do final da tarde, naqueles momentos em que as luzes ainda não estavam acesas e as portas apenas entreabertas. Os instantes mais marcantes aconteciam enquanto percorria o caminho formado pelos ladrilhos reticulados do corredor da nave principal, participando do apagar da luz do sol que, aos poucos, esvaía-se entre as frestas. Aos poucos, essa luz era substituída pela iluminação das velas dos candelabros e das luminárias, penduradas nos longos cabos que desciam das vigas da cobertura, pairando em um local que ficava entre o céu/teto e a terra/piso da igreja.

Impossível esquecer a sensação de caminhar naquele local etéreo, mistura do celestial com o sagrado. Era como sentir-se subindo a cada passo que dava em direção ao altar-mor, muito antes de chegar aos três degraus que levavam ao patamar em que ele estava instalado. Isso tudo logo abaixo e à frente da imagem do Senhor Bom Jesus de Cuiabá.

Outro momento emocionante de que me lembro era quando vestia a batina vermelha com a sobrepeliz branca para ajudar a missa como coroinha. Naquelas ocasiões, eu sentia-me como que fazendo parte de um grupo especial, ungido por uma bênção divina, habilitado a ficar por algum tempo mais próximo a Deus que os demais participantes da celebração.

Acabada cada cerimônia, saía com uma agradável sensação de leveza, principalmente quando recebia a Sagrada Hóstia após a Eucaristia, o alimento espiritual que me protegeria até a próxima oportunidade de receber a presença de Jesus em meu coração.

Assim como a Catedral que a substituiu, a antiga Igreja Matriz estava localizada em uma quadra toda sua, com frente para a Praça da República e a Rua Antônio Maria. Ao seu lado direito, o Instituto de Ensino, com uma estreita e tradicional passagem, separando as duas históricas edificações. Do lado esquerdo estava a Praça Alencastro, com a Avenida Getúlio

Vargas a separá-las, e, ao fundo, do outro lado da Rua Joaquim Murtinho, o Grande Hotel.

Sua antiga fachada e boa parte das laterais seguiam o tradicional e belo estilo colonial, empregado na construção da maioria das antigas igrejas do Brasil, influência dos padres jesuítas que acompanhavam a colonização das terras ocupadas por Portugal. Entretanto a parte de trás já havia sofrido com a intervenção dos que compactuaram com sua destruição, pois havia sido demolida e uma edificação nova, sem as características originais, já a desfigurava. Creio que esse fato contribuiu definitivamente para o sumiço do antigo altar-mor, aquele que ninguém sabe e ninguém viu, uma vez que ficava no fundo da nave principal da igreja.

Ficou em mim a desagradável sensação de que houve um grande esforço para apagar da memória dos cuiabanos a antiga e bela Igreja Matriz do Senhor Bom Jesus de Cuiabá, pois, no Museu de Arte Sacra, nem tudo sobre sua história está disponível aos visitantes. Lá estão quatro de seus cinco altares, já que o principal, o do Senhor Bom Jesus de Cuiabá, inexplicavelmente foi "perdido", juntamente a diversas, mas não todas, imagens e peças que deveriam ter sido preservadas para constituir seu acervo.

Somente algumas palavras e fotos contam a história de seu esplendoroso interior. Nada mais restou, só saudades.

E então, Cuiabá, por que será?

– Abril/2019 –

Fôssemos fazer uma comparação com as festividades relativas aos 250 anos de Cuiabá, em 1969, chegaríamos à conclusão de que a cidade diminuiu.

– Por que será?

Os que estavam presentes naqueles festejos sabem muito bem a diferença. Naquela época, Cuiabá tinha aproximadamente 100.000 habitantes e a festa foi maior do que se esperava. Hoje, em Cuiabá, somos quase 700.000 habitantes e a festa foi bem menor do que esperávamos.

– Por que será?

Será devido à enorme massa de migrantes que veio para cá, trazendo junto culturas tradicionais de outras regiões do país?

Não, não é verdade, porque essa gente boa juntou-se à nossa gente de bem para fazermos juntos coisas melhores ainda, o agronegócio está aí para provar.

Seria porque nos últimos anos os governos estadual e municipal perderam o interesse por nossa história e nossa tradição? Talvez sim, talvez não! A verdade é que a resposta é tão simples e tão direta quanto o modo de ser da nossa gente. Provavelmente, porque tanto um quanto o outro mostraram estar preocupados apenas com política. Daí, o jogo de empurra-empurra que usaram como desculpas para não fazerem seus papéis de governador e de prefeito nessa ocasião única para Cuiabá, para o estado de Mato Grosso e para todos nós, seus habitantes.

O governador, então, fez de conta não saber que Cuiabá é a capital do estado e de que também já foi seu prefeito. Já o prefeito mostrou que a intenção morreu na campanha eleitoral. Deixou a desejar, e muito! Ambos sabem que eleitor tem memória curta.

Não sei se por falta de vontade ou de empenho, mas a festa foi tratada como coisa de menor importância, tanto por um como pelo outro, e quem perdeu fomos nós, cuiabanos, mato-grossenses de nascimento e por adoção. Um pouco caso sem precedentes, tanto que sua significância nem sequer foi comentada fora daqui. Trezentos anos são três séculos da nossa história, e não só perdemos a oportunidade de comemorar a data adequadamente como também de mostrar nossa Cuiabá para o Brasil e para o mundo. Uma pena!

Mas ainda dá tempo, afinal o ano só acaba no dia 31 de dezembro. Será?

Lá se vão 300 anos

Das varandas dos apartamentos é fácil perceber como Cuiabá cresceu por meio da expansão de sua área urbana.

Cresceu tanto que se tornou uma metrópole levada por avenidas e pontes a mesclar seus habitantes com os de Várzea Grande, sua cidade-irmã. O rio que lhe dá nome e que para alguns as separa sempre foi o elo de união que as tornou uma só desde tempos imemoriais.

Esse mesmo rio foi o caminho percorrido pelos bandeirantes que para cá vieram há mais de três séculos e para a maioria das pessoas que daqui saía durante muitos anos. Poderíamos até chamá-lo de rio-estrada por ser o único meio de acesso a essa região durante o primeiro período da ocupação do sertão do centro-oeste. E, ainda, por sua efetiva contribuição na expansão de nossas fronteiras até nos tornarmos o maior país do continente sul-americano. Coincidência ou obra divina, o Centro Geodésico aqui está desde que Rondon, o maior sertanista deste país, determinou-o e implantou-o.

O preço do progresso veio sendo cobrado aos poucos e mais efetivamente desde o início da década de 70. É como que referendando o Plano Nacional de Desenvolvimento (PND), efetuado pelos governos militares para promover a descentralização e a interiorização do desenvolvimento do país, o que colocou Cuiabá bem no meio desse processo.

Assim, do quase isolamento, Cuiabá passou a ser uma excelente oportunidade e propiciou que muitos para cá viessem, fazendo a cidade receber os efeitos benéficos e também os colaterais do progresso, já que teve que conviver com o rápido e descontrolado aumento de sua população.

Essa bem-vinda circunstância passou a interferir na bucólica cidade, fazendo com que aquele modo de viver, que foi determinante para a formação da cultura cuiabana – fortemente caracterizada pela simplicidade, pela alegria e pela receptividade –, fosse aos poucos se adaptando aos novos tempos.

De outro lado, a paisagem arbórea que durante muito tempo determinou seu apelido de Cidade Verde, está cada dia mais distante, tanto que para muitos hoje só é percebida através de frestas por entre os edifícios.

Se já está difícil ver os coloridos contrafortes da Chapada dos Guimarães ou das serras que se mostravam ao longe no rumo de Rosário Oeste, o que dizer então do Morro de Santo Antônio, que agora só pode ser visto de algumas partes de cidade ou quando se tem a oportunidade de ir ao vizinho município que recebeu seu nome.

Certo é que o progresso, descontrolado e mal administrado, trouxe junto a poluição que acabou com a saúde do rio, obrigando a população a adaptar seu paladar ao sabor dos peixes que são criados fora de suas insalubres águas ou mesmo trazidos de longe, de onde a pesca ainda não foi contaminada pela má influência da cidade. Só os mais antigos lembram-se dos pescadores deslizando em suas peculiares canoas por debaixo da Ponte Júlio Müller. Naquele tempo, os cuiabanos compravam peixe fresco diretamente da fonte, quando eram guardados vivos nos jacás de bambu trançado, uma das tradições ribeirinhas que o progresso exterminou.

Tudo isso acontecia na rampa de acesso ao rio, no Bairro do Porto, bem perto das casas comerciais e residenciais onde os ribeirinhos aproveitavam a fartura do rio para jogar anzol na certeza de "matar" um bagre na minhoca ou uma piraputanga no pinhão.

Não era surpresa, mas dependia de saber a hora para encontrar os pescadores retirando do rio enormes pintados, cacharas e jaús, que mal cabiam em suas rústicas canoas de tronco, numa época em que ainda se pescava com rede, zagaia e espinhel. Aqueles gigantes de outrora sempre estavam acompanhados de pacus, pacu-pevas, jurupocas, jurupenséns, bagres, piauçus e tantos outros espécimes que por lá abundavam.

Quem mora na parte alta da cidade, ali pelo entorno do antigo quartel do 16º BC, hoje 44º BIM, sabe que lá ainda existe um pouco do saudável verde na paisagem urbana, mantido graças às velhas mangueiras, ingazeiros e outras árvores bem tradicionais da antiga cidade.

Com o passar do tempo, aquela característica foi sendo apagada, assim como as edificações antigas foram dando lugar a prédios modernos sem muita preocupação com a preservação do patrimônio histórico, a despeito do belo trabalho realizado em alguns deles, como o Arsenal de Guerra, o Colégio Senador Azeredo e a Escola Modelo Barão de Melgaço.

Entretanto muito da história da cidade também foi sumariamente destruída, como é o caso da Igreja Matriz do Bom Jesus de Cuiabá, para citar apenas um, o mais emblemático de todos. Por mais que se dignifique a majestosa Basílica, construída em seu lugar, a antiga igreja jamais será apagada da memória daqueles que a conheceram e que não se conformam com seu injustificado fim.

O que ainda se vê é o inexplicável desleixo com o que resta do patrimônio histórico da cidade, quer seja pelo poder público, quer pela inércia da população, ao assistir passivamente à destruição de seu passado.

Guardadas as diferenças, essa vem sendo a sina dos espaços públicos, como a Praça Alencastro, que já foi jardim e hoje é parada de ônibus; e a Praça Ipiranga, que também já foi jardim e agora nem dá para dizer o que é. Aliás, esse também parece ser o destino de alguns eventos, festejos e tantos outros equipamentos públicos que, para atender aos planos de revitalização, prefeito após prefeito, vereador após vereador, estão sendo descaracterizados e raramente recuperados em suas formas originais, principalmente quando utilizados para outras funções.

Infelizmente, esse raciocínio, tido como progressista, acaba por prejudicar as tradições e a história de Cuiabá.

Uma pena!

Precisamos voltar a investir no centro histórico

– 31/08/2022 –

Há pouco tempo li um artigo da Dr.ª Bárbara Freitag Rouanet, intitulado *A revitalização dos centros históricos das cidades brasileiras*, que trata da tipologia das nossas cidades históricas. O documento em questão leva a refletir sobre Cuiabá por tratar do valioso patrimônio que cidades semelhantes a ela representam desde suas origens, mas, principalmente, devido a um dos aspectos urbanos levados em consideração pela autora ser muito parecido com o que aconteceu aqui, ou seja, o fato de sermos mais uma cidade histórica que sofreu o "arrastão da modernização" sem que tivessem maiores cuidados com a preservação de seu centro antigo.

As pesquisas e os estudos elaborados sob a coordenação da Dr.ª Bárbara chegaram à conclusão de que cidades como Cuiabá deixaram para trás seus velhos centros urbanos quando passaram a sofrer a transferência de várias atividades e diversos serviços públicos que lá estavam para as novas áreas do cenário urbano, melhor infraestruturadas em razão de receberem tanto investimentos públicos quanto privados.

Assim, o centro antigo de Cuiabá foi aos poucos sendo relegado à gestão municipal e às atividades de comércio e serviços que, por sua vez, também passaram a migrar para as áreas de expansão urbana, entre elas bancos, escritórios de atendimento a serviços de energia e saneamento, grandes lojas de departamento e até mesmo órgãos da administração pública, o que nos leva a considerar ter havido pouco empenho de seguidos governos municipais na implementação de ações destinadas a recuperar a área central da capital, quer seja mediante programas e projetos que incentivassem a permanência dos que heroicamente lá permaneceram, quer seja no incentivo a empresas, estabelecimentos comerciais, de ensino, de saúde, de educação e de segurança, só para citar algumas atividades que se afastaram de lá exatamente porque não receberam apoio de qualquer natureza para continuarem instalados no centro histórico da cidade.

Quando falamos de incentivos referimo-nos a ações que podem começar com a redução dos valores das taxas e impostos que incidem sobre os imóveis históricos, mas que também passem pela recuperação de ruas e melhorias na iluminação pública (inclusive com a efetiva remoção do excesso de cabos e fios, muitos sabidamente inúteis), além de outros serviços de apoio aos ocupantes e proprietários de imóveis lá localizados, que não se sentem motivadas a investir em restaurações, reformas ou mesmo em construções na região central.

O que se percebe é uma permanente e severa fiscalização que pouco orienta e muito cobra, quando deveriam incentivar a preservação e não o abandono de imóveis, que poderiam receber moradores que trabalhem ali mesmo, de modo a reduzir deslocamentos desnecessários e incentivar sua reocupação como área residencial.

O mesmo procedimento também parece estar causando a proliferação de terrenos baldios, que acabam servindo de locais para vadiagem, uma vez descaracterizados pela ação do tempo e por proprietários desgastados devido ao prejuízo que é ter imóveis desvalorizados, sujeitos a imposições legais e, pior, sem nenhuma contrapartida ou compensação.

Não há como reconstruir o que se perdeu nem manter o que resta com o que sobrou de registros oficiais de um passado urbanístico sobre o qual parece não ter havido emprenho público em manter, quanto mais em preservar de forma adequada, vide as recentes "reformas" das praças públicas, todas completamente desfiguradas sem que os órgãos responsáveis pela preservação do patrimônio público histórico desse um pio. Certo é que o centro de Cuiabá foi e continua a ser relegado a ações pontuais de reparo devido à falta de manutenção; o que dizer, então, da restauração daquilo que deveria ser motivo de permanentes e abrangentes cuidados.

Prova disso é que desde sempre vêm sendo feitas adequações a título de modernização, que acabam por descaracterizar ainda mais o perfil histórico do centro. Exemplos não faltam, basta observar a destruição do passado glorioso da Igreja Matriz do Bom Jesus de Cuiabá, de praças e prédios públicos, com reformas que os descaracterizam, e não de restaurações visando manter a sua originalidade.

E o que falar da cobertura asfáltica de suas ruas, antes pavimentadas com paralelepípedos? Essa "melhoria" causou mais malefícios do que benefícios ao centro histórico devido ao sensível acréscimo na temperatura local e ao perigoso aumento na velocidade dos veículos que lá circulam. Isso sem falar que os constantes recapeamentos asfálticos sem a devida remoção do pavimento que estava deteriorado elevaram os níveis das ruas acima dos das calçadas, causando o alagamento dessas últimas quando de chuvas fortes.

A análise dessas e de outras situações relativas ao que já fizeram com a área central da cidade leva a crer que os estudos e projetos que compõem seu planejamento urbano pouco deram de atenção à preservação do patrimônio histórico, muito provavelmente porque assim como em outras situações, os gestores públicos não costumam considerar esse tipo de investimento como prioritário, creditando seus descasos a gestões anteriores ou levando o assunto com ações de perfumaria e maquiagem.

Voltando ao conteúdo do trabalho da Dr.ª Bárbara Freitag Rouanet, é possível dizer que Cuiabá está se tornando mais uma cidade de origem histórica que, sitiada pela modernidade, está a ponto de perder o que resta de seu patrimônio antigo caso não tenhamos consciência da necessidade de investimentos públicos em sua proteção.

> Barbara Freitag Rouanet (Obernzell, Alemanha – 26 de novembro de 1941) é uma brasilianista, socióloga, professora emérita da Universidade de Brasília (UNB).

Meu querido São Benedito

Domingo participei da procissão em homenagem a São Benedito, como faço todos os anos.

Dessa vez foi diferente, a começar pelo trajeto adaptado para um percurso alternativo, com saída pela Rua Corumbá, estreita e desgastada. Isso tornou a caminhada complicada em comparação de quando é feita pela Avenida Rubens de Mendonça, mais adequada à multidão de devotos, na maioria com idade avançada para caminhar naquelas condições.

Outra mudança sentida na procissão de São Benedito foi que, enquanto nós, fiéis, rezávamos fervorosamente nosso terço, fomos surpreendidos por palavras que não deveriam ser ditas em um evento voltado à fé religiosa e em seu louvor, principalmente porque eram intenções políticas disfarçadas como partes naturais desse evento da religião cristã católica.

Ao contrário das tradições beneditinas, os puxadores também cantaram música de protesto, o que não agradou as pessoas que lá estavam, razão pela qual não foram acompanhados por ninguém nesse momento. O mesmo pode ser dito sobre as descabidas palavras inseridas nas leituras dos mistérios do terço, que se referiram a eventos externos à razão da procissão e da religiosidade de seus devotos.

Fossem adequadas à nossa profissão de fé, as propostas advindas de algumas falas não deveriam estar voltadas a contestar as ações do governo em defesa da soberania nacional sobre a Amazônia. Essa área, até há bem pouco tempo, vinha sendo ocupada por diversas organizações religiosas estrangeiras e não governamentais para explorar as riquezas da floresta e a inocência dos nossos povos indígenas, desde sempre mantidos tutelados a despeito de suas próprias autodeterminações.

A continuar assim, veremos a procissão em seu nome tomar rumos alternativos, exceto pela desnecessária, mas tradicional, diferenciação entre festeiros e fiéis participantes, o que nunca esteve de acordo com suas convicções religiosas, segundo as quais as ações beneméritas e voluntárias deveriam ser anônimas e desinteressadas.

Como sempre faço, termino minhas orações pedindo a benção... Amém!

Mamãe – Uma vida dedicada ao amor

Falar de alguém tão especial é emocionante e desafiador. Falar de Dona Iracy, minha mãe, melhor dizendo, da nossa mãe, em poucas linhas, é sensação boa multiplicada pela enésima vez.

É como descrever algo indescritível, imaginar coisa inimaginável, extrapolar o extraordinário e outros tantos predicados somados e, com tudo isso na cabeça, contar a história das nossas vidas. Sim, porque ela nos ajudou a construir nossos mundos em torno de sua vida como esposa e mãe.

Encantou-nos com seus encantos e abençoou-nos com suas orações, alimentou-nos com sua seiva materna, curou-nos com sua dedicação incondicional, ensinou-nos magistralmente com seu pouco estudo e educou-nos exemplarmente com sua bondade infinita. Ensinou-nos, principalmente, o que significa amar de maneira integral.

Mamãe foi dessas pessoas que vieram ao mundo com missão definida – amar – e quando não conseguia deixar isso perceptível, sua alma misericordiosa sofria tanto a ponto de se penitenciar. Nesses momentos, sua reação instantânea era recorrer às suas orações, ao seu terço de todos os momentos.

Nele, ela encerrava tudo, sua fé inabalável, sua crença verdadeira e seu amor infinito a Jesus Cristo na figura de Nossa Senhora, a quem ela dedicou-se apaixonadamente, pois perdeu sua mãe com poucos meses de idade, como também se dedicou a Santo Antônio, com grande devoção. Era por intermédio deste último, seu eterno protetor, que ela pedia por tudo e por todos.

Mamãe não teve mãe. A dela foi chamada por Deus ainda jovem. Quem a criou, até a primeira infância, foi sua avó, que também a deixou pouco tempo depois. Foi, então, que passou a ser criada pela segunda esposa de seu pai e a apegar-se a Nossa Senhora.

Do pouco que ela conta-nos sobre essa fase de sua vida, tudo leva a entender sua dedicação a nós e a papai, a quem ela entregou-se de corpo e alma ainda menina, quando se casou, aos 16 anos de idade. Sobre isso, dizia com satisfação que tudo que aprendeu de verdade na vida devia a essas duas pessoas, sua avó materna e a seu marido.

De sua família – entenda-se pai e mãe – nada se materializou por meio de ensinamentos. De seus dois irmãos mais velhos sempre teve amor, proteção e dedicação, desde crianças até seus últimos dias de vida. Aos demais irmãos, filhos do segundo casamento de seu pai, crianças para as quais dedicou boa parte de sua infância, sempre ofereceu e recebeu amor e carinho.

Dizia também que se não tivesse encontrado Cazuza, como ela sempre chamou papai, teria sido freira, dedicaria sua vida a servir a Deus. Disso nunca duvidamos, porque sua religiosidade foi acentuando-se com o passar do tempo, com abnegada devoção à religião católica, em especial ao seu querido Santo Antônio, o grande intermediário de seus pedidos e promessas.

Tributo a José Afonso Portocarrero

Até onde posso, vou deixando o melhor de mim...
Se alguém não me viu, foi porque
não me sentiu com o coração.
(atribuída a Clarice Lispector)

Clarice Lispector não considerava a honestidade uma virtude e, sim, um compromisso. Ela sempre deixou isso muito claro em pronunciamentos, nas ações que envolvessem o tema e em seus livros. Tudo sobre o assunto está lá, nas frases, nos textos sobre sua vida, em seu trabalho e em seus relacionamentos, considerada a quase solidão autoimposta.

Creio que vejo muito do pensamento dela em meu pai, em sua postura discreta sobre tudo e até em seus raros momentos de infelicidade. Sim, é verdade, papai não desenvolveu grandes expectativas ou esperanças de facilidades a respeito do futuro e ensinou-nos isso desde muito cedo. Foi isso que aprendeu com seus pais durante o tempo em que viveu em Bela Vista-MT, hoje MS, e que desenvolveu durante suas andanças até chegar aqui. Foi essa a realidade sobre a vida que ele ensinou aos seus filhos e o exemplo que deixa aos seus netos e demais descendentes.

Desde que ele veio morar em minha residência devido às dificuldades naturais de sua idade – tinha 96 anos à época –, em 2018, passamos bons tempos juntos, o que nos deu a oportunidade de conversarmos bastante sobre o seu passado, o presente e o nosso futuro.

Em que pese a desgraça da pandemia e o isolamento que nos foi imposto, isso acabou por contribuir para que eu resolvesse escrever sobre sua vida. Assim, para conseguir tirar ainda mais proveito de sua presença constante, passei a gravar tudo que fosse possível de suas memórias durante nossas conversas.

Conversar a sós quando ainda morávamos com ele e mamãe era quase impossível, tão poucas eram as oportunidades. Entre várias razões, uma mostrou-se determinante: papai foi bancário quase a vida inteira e mesmo depois de sua aposentadoria continuou trabalhando com expedientes diários até perto dos 80 anos.

Depois de aposentar-se, dedicou seu tempo ao serviço público, há que se destacar, sempre convocado. Durante esse período ocupou diversos cargos nos governos estaduais que se seguiram ao ano de 1972. Assim, esteve presidente da Companhia de Desenvolvimento do Estado de Mato Grosso (Codemat), na verdade uma intervenção para organizar o órgão; na Loteria Estadual de Mato Grosso (Lemat), do Banco de Estado de Mato Grosso (Bemat); e foi fundador do Centro de Assistência Gerencial do Estado de Mato Grosso (Ceag--MT), atual Serviço Brasileiro de Apoio às Micro e Pequenas Empresas (Sebrae-MT), onde também esteve presidente, só para citar alguns dos cargos assumidos. Quase sempre com a árdua tarefa de recuperar a saúde econômico-financeira das instituições por onde passou. Mais adiante, no futuro, vou contar sobre sua experiência à frente de algumas delas.

Em seu tempo de bancário, sempre saía muito cedo e, quando podia, ia almoçar em casa. Não sendo possível, só voltava noite alta, quando, na maioria das vezes, seus filhos já estavam dormindo ou ele, cansado, retirava-se para o quarto depois de ler as notícias atrasadas nos jornais de circulação nacional que só chegavam ao interior do país dias depois de suas publicações. E foi assim em quase todos dos lugares para onde seu destino levou-nos.

Nossos melhores momentos com ele deram-se nos períodos de férias e, creio, essa deve ter sido uma situação comum à maior parte nos filhos nos anos 60 e 70, não importando quais fossem os trabalhos dos pais. Não estou, com isso, querendo dizer que ele não tenha sido um paizão amigo e companheiro, porque era. Era à sua maneira, até porque naqueles tempos não havia escolinhas para a prática de esportes em que pudesse nos levar como agora. Havia os clubes sociais, é verdade, mas eram uma regalia da qual nem sempre dispúnhamos porque, para um gerente de banco compulsoriamente impelido a mudar de cidade a cada dois ou três anos, a situação era muito complicada.

Mesmo assim, por meio das amizades desenvolvidas junto aos seus clientes, ele conseguia autorizações que nos permitiram frequentar bons clubes sem a necessidade de associarmo-nos durante nossas estadas em todas as inesquecíveis cidades onde moramos. Um benefício especial para o gerente do banco e sua família, até que voltamos a morar em Cuiabá-MT, no ano de 1971, para onde retornamos em definitivo e finalmente ficamos sócios do saudoso Clube Dom Bosco, de inesquecíveis recordações para todos os que dele puderam desfrutar.

A cidade havia sido nosso lar no início dos anos 60 e desenvolvemos por ela os elos mais fortes que existem, elos do coração, o amor pela terra e pelo seu povo. Em Cuiabá, desde a primeira vez, fomos recebidos como gente daqui e, por isso mesmo, quando nos mudamos em 1964, já estava nos planos de papai voltar para cá, para os amigos, para nossa gente. Aliás, um sentimento tão enraizado na família que todos os seus filhos seguiram seus passos e também vieram para cá, mesmo quem que já estava estabelecido em outra cidade.

Papai nunca foi apegado à busca incessante pela riqueza material. Sempre foi modesto em suas pretensões e competente em suas ações. Sua performance altamente positiva como gestor foi o que o levou a seguir a vida com a tranquilidade de quem agiu de forma correta em todos os lugares por onde passou. Foram seus modos de ser e agir que o levaram a assumir cargos importantes, sempre carregados de compromissos que se caracterizaram por auditorias e recuperações financeiras, estruturais e morais. No entanto foram esses mesmos modos que o fizeram confrontar as outras necessidades de alguns de seus contratantes. O que posso dizer com orgulho e satisfação é que com eles papai nunca compactuou.

Essa introdução serve para justificar as palavras que dedico ao meu pai e à sua indefectível crença na honestidade. Um compromisso tão íntimo que se torna inaceitável, impossível de assumir para aqueles que não a trazem do berço. Esse, certamente, não foi seu caso, vez que sempre se sentiu bem com essa virtude difícil de ser valorizada em um ambiente onde quem a tem como uma de suas referências sofre severas restrições devido às convenções em contrário já formalmente enraizadas na cultura de boa parte da sociedade.

É lamentável ter que reconhecer, mas exercer a honestidade torna-se cada vez mais difícil em um mundo em que a luta pelo poder não mede consequências. Pelo contrário, cada vez mais as desconsidera.

Hoje em dia tudo indica, nos ambientes já degenerados e em momentos em que faltam oportunidades de trabalho, exercer a honestidade chega a ser um contraponto em relação às outras competências exigíveis. Em outras palavras, a capacidade de conviver e negociar com pessoas desonestas passou a ser pré-requisito obrigatório. Não mentir, não roubar, não fraudar, não prevaricar, não corromper, não ser corrompido, não discriminar, para citar algumas das qualidades intrínsecas de uma pessoa como meu pai, aprende-se em casa e deveriam ser desenvolvidas nas escolas, mas não o são. Esses assuntos, melhor dizendo, essas qualidades, estão sendo desvalorizadas, quando não desestimuladas, em um mundo cada vez mais competitivo e, por isso mesmo, desumano. Uma vez sendo difícil preservá-las, ainda mais é levá-las conosco para os ambientes que frequentamos.

– Minha origem é fruto de uma árvore onde a honestidade é seu principal atributo. Por isso das sementes que produzi cuido para que germinem em terra fértil.

Estas palavras resumem a personalidade de meu pai, pois a honestidade está presente em toda sua história e em tudo que nos ensinou. Seja nas amizades que conquistou no trabalho ou no convívio social com pessoas das mais poderosas às mais humildes, esse foi o preceito moral que norteou seu comportamento e os de seus mais estreitos relacionamentos.

Posso dizer, com certeza, que nosso principal legado, assim como o de todos que com ele conviveram, está fortemente fundamentado na probidade e no fato de ser uma pessoa simples, nem mais, nem menos.

Para ele, diferentemente de outras características próprias, a honestidade não é atributo sobre o qual se deva vangloriar. Ela precisa ser reconhecida por todos com quem se convive, porque exige coragem e determinação para aquele que quer preservá-la como característica inata.

Sua vida esteve basicamente dividida entre a família e o trabalho, lazer era questão complementar. Da família sempre cuidou com especial dedicação, motivado por esse princípio já ressaltado de seu perfil. Quanto ao trabalho, nos ambientes em que esteve durante toda sua vida profissional foi um colaborador focado em suas responsabilidades, um colega leal e um superior extremamente exigente.

Pessoas assim vieram ao mundo para colaborar sem esperar nada em troca, e foi o que ele fez, sendo um homem de apoio incondicional. Foi assim com esposa e filhos e com quem mais tenha com ele convivido. Do que lhe coube como filho e irmão, sempre esteve presente para apoiar e ajudar nas ocasiões em que era preciso. Essa foi a maneira como também interagiu com seu pai, a quem perdeu muito cedo, com sua mãe, irmão, irmãs, amigos e colegas, com quem não lhe tinha afeição e até com desconhecidos.

Dizer que nunca houve críticas sobre sua forma de ser e agir seria contrariar uma das principais características de honestidade que nos ensinou. Portanto, sim, cometeu erros e por isso enfrentou críticas, mas quem nunca os cometeu e quem nunca as recebeu? Entretanto, como os que são capazes de fazer autocrítica, ele soube refazer e corrigir o que havia necessidade de ser refeito e corrigido, a ponto de afastar-se de algumas das importantes funções e de cargos de confiança que exerceu quando foi necessário.

Existiram razões específicas quanto às críticas e aos desentendimentos ao seu modo de proceder no relacionamento profissional, com as pessoas e com empresas e governos a quem serviu. Invariavelmente, foram por questões éticas que atingiram diretamente os motivos pelos quais ele foi levado a assumir um cargo ou uma missão. Nessas ocasiões, era enfático quanto a não se submeter ou compactuar.

A história de José Afonso Portocarrero continua a ser escrita. Esta é apenas a introdução sobre o que ele fez para fixar as raízes que nos sustentam. Sim, papai passou a ser raiz; nós, seus filhos, assumimos as funções de troncos da família; seus netos, as ramificações; e seus bisnetos, as sementes das sementes que plantou.

Obrigado por ser assim... Diferente das canas dobradas pelo vento

Essas palavras escritas sobre papai por Márcio, o mais velho de nós, têm significado especial para quem o conheceu e inspiraram-me a falar sobre sua importância.

Assim como acontece com todos, é certo que, ao longo de nossa existência, deparamo-nos com situações que bem traduzem a relevância de a vida ser como ela é, como bem disse Nelson Rodrigues.

As canas dobradas pelo vento supracitadas representam aqueles que se submetem às pressões exógenas durante a nossa passagem pelos estágios de aprimoramento espiritual e bem demonstram a pessoa que ele não foi e o que é para seus descendentes, mesmo depois de seu passamento.

Nessa sua última estada por aqui ele nunca dobrou seus joelhos em submissão às pressões a que sucumbem os fracos de espírito, muito menos às benesses que os corrompem. Como bem disse o mano Márcio, Seo Porto, Seo José Afonso, Cazuza, papai foi um homem digno e surpreendentemente forte em sua longeva simplicidade. Suas atitudes sempre foram ensinamentos sobre como não trocar a honra pelo bem material. De acordo com ele, quem assim o faz vive fora dos parâmetros morais, sendo cúmplice ou mesmo conivente com quem lesa o que não é seu ou, pior, o patrimônio público.

Dizia ele que mesmo tratando todos de maneira igual deveríamos estar preparados para sermos percebidos de forma diferente. De fato, é assim que acontece na maioria das vezes em que, estando em ambientes onde nos relacionamos social e profissionalmente, ser comum ouvirmos de quem menos se espera palavras que mesmo tendo pouca valia machucam mais do que agressões físicas. O que faz lembrar passagem antigas e até mesmo atuais do dia a dia na política, principalmente na época de eleições, em que a assunção de cargos invariavelmente acontece em troca de favores e com esquemas obscuros.

Basta olhar a rapidez com que essa gente desprezível porta-se ao sabor das mudanças do vento, tal qual acontece nos fenômenos climáticos El Niño e La Niña, que caracterizam, respectivamente, o aquecimento e o resfriamento das águas do Oceano Pacífico, sempre causando alterações danosas no Continente Sul-Americano, principalmente ao Brasil.

Pois é, papai nunca se dobrou e ensinou-nos a agir assim quando enfrentamos esse tipo de vento.

Deus te abençoe, meu filho

– 22/02/2022 –

A princípio, quando a contragosto papai veio morar comigo, ainda era capaz de deitar-se sozinho, suas dificuldades eram bem administradas porque caminhava e conseguia ir ao banheiro sem, como dizia, incomodar ninguém.

Acontece que as inconveniências que aparecem com a idade estavam se avizinhando e foram chegando sem cerimônia nem aviso prévio para, pouco a pouco, mostrarem sua crueldade. Para complicar, isso começou no final de 2019, ou seja, três meses depois chegou essa virose, a Covid-19, que ainda assola o mundo e que nos obrigou a dispensar os serviços das cuidadoras que o acompanharam quando veio para minha residência, aliás, uma condição imposta por ele para concordar em se mudar.

Com isso teve início o período mais difícil de sua adaptação ao nosso apartamento. Em que pese a boa instalação dos aposentos onde esteve acomodado, ele costumava dizer que lá não era seu domínio e, sim, nosso, meu e de Clara. Como consequência, enquanto as cuidadoras estiveram presentes correu tudo bem, mas a ausência delas colocou-nos a cumprir suas tarefas, além das nossas, o que acabou por modificar definitivamente o cotidiano de todos. No entanto o que parecia ser uma tarefa extenuante foi rapidamente superada por sua espontânea colaboração ao perceber as dificuldades que estávamos enfrentando. Tanto que cooperou de forma definitiva para diminuir os riscos dos estresses que eventualmente ocorrem nesse tipo de situação.

Assim mesmo, o início foi muito difícil, sobretudo porque tivemos que adaptar nossos horários. Por isso tive que dormir com ele com receio de deixá-lo sozinho no quarto, ajudá-lo na higiene pessoal, trocar a roupa e outras atividades que ele não conseguia fazer sem o necessário apoio. Então, para amenizar esses momentos, passamos a tomar banho juntos, oportunidades em que no princípio riamos muito ao lembrar que era ele quem me ensaboava e agora eu fazia as vezes do ensaboador. Depois, ajudava a enxugava seu corpo, vestir-se, pentear os cabelos e fazer a barba, em momentos que transformamos em divertidas trocas de informação, até percebermos o quanto eu tinha dele em meus procedimentos para as mesmas coisas.

Foi assim, principalmente depois que começou a mostrar cansaço até para caminhar pequenas distâncias, como ir da sala até seus aposentos, ou quando sua pouca visão dificultava o apoio nos suportes instalados no quarto e no banheiro. Dessa forma, as medidas paliativas que fomos tomando com o passar do tempo retardaram, mas não impediram, sua quase total dependência.

Entretanto foi seu entendimento da realidade que o cercava que lhe possibilitou aceitar de bom grado o suporte que procurávamos de todas as maneiras lhe proporcionar. A proximidade do final com plena consciência foi o que nos fez optar por mantê-lo nas casas dos filhos até o fim. Dessa forma, papai permaneceu consciente, acolhido e com disposição para viver em família pelo maior tempo que Deus permitiu-nos lhe proporcionar.

Manter seu cérebro ativo por meio de longas conversar, incentivá-lo a contar suas lembranças, histórias que ouviu e aventuras que viveu foram o combustível que alimentou seu ânimo e manteve seu coração batendo forte durante aquele maravilhoso tempo em que esteve conosco no final da vida.

Com a necessária frequência, seus filhos, noras e netos estiveram com ele, participando de momentos que foram como viajar com papai no tempo em ocasiões que me faziam lembrar de quando íamos passar férias em Bela Vista, hoje Mato Grosso do Sul, na cada de sua mãe, vó Sinhara, e ela colocava-nos a bombear o carneiro do poço para encher a caixa d'água. Todos os dias, as crianças eram escaladas para esse trabalho, que acabava se transformando em divertida competição, na qual quem conseguia bater a alavanca do carneiro mais rápido em determinado espaço de tempo ganhava a disputa. Era com esse espírito que nos alternávamos a sua volta no prazeroso empenho de bombear forças a papai.

Vaidoso, volta e meia lembrava-se de uma roupa ou pertence dele e fazia questão de saber onde estavam. Com frequência comunicava-se com sua tia Gloria, com quem conversou até perto de ela falecer, aos 102 anos, ele já com 97. Pelo lado dos Portocarrero sempre manteve contato com a prima Virgínia, outra centenária da família ainda viva nesse início de 2022. Da mesma forma, regularmente pedia que ligássemos para os amigos, a querida sobrinha Cida e para Enedina, sua filha de coração.

Em seus derradeiros meses, passou bom tempo falando de mamãe. Era quando afirmava que ainda sentia sua presença na hora de dormir, momento em que dizia ouvi-la rezar o terço e fazer imposição das mãos sobre sua cabeça pedindo por sua saúde da mesma forma que fazia todas as noites pensando que ele já estivesse dormindo. Quando mamãe morreu, papai disse que ela foi até ele na noite anterior ao seu falecimento para avisá-lo de que estava partindo, de modo que no dia seguinte ele foi até a hospital para se despedir.

Muito do que contei neste texto foi mencionado no que escrevi anteriormente, mas relembrar os momentos em que estive com papai só me fazem bem e, com certeza, a meus irmãos também, porque sempre pedíamos sua benção quando nos despedíamos nas vezes em que íamos estar com ele em sua casa, depois na minha e na de André Guilherme, onde passou seus últimos momentos.

Quanto a mim, essas ocasiões são eternas porque enquanto esteve comigo, era depois de acomodá-lo na cama que me sentava ao seu lado para conversar mais um pouquinho e pedir sua benção. Invariavelmente, após a despedida de boa-noite, ele pegava minha mão, colocava-a sobre seu peito e agradecia por estarmos juntos. Por fim, e sob meus veementes protestos dizendo que era eu quem lhe agradecia por ser meu pai, ele dizia seu inesquecível:

– Deus te abençoe, meu filho.

As mãos de meu pai

– 24/02/2022 –

Eram mãos finas, de pele suave, devido ao tempo e aos diversos trabalhos que desenvolveu após iniciar sua carreira e durante todo o tempo que esteve conosco. Papai tinha os dedos longos para o tamanho de suas palmas; eles combinavam com as unhas, também maiores do que o normal e que se particularizavam por terem o formato mais reto que côncavo, o que lhes permitiam transmitir ao conjunto certo toque de firmeza devido ao particular formato.

Eram mãos que denotavam ser seu dono pessoa de grande força interior, força que se restringiu a um único objetivo, o bem-estar da família. Papai foi um homem cuja vida foi dedicada a nós e ao trabalho, tanto que nesse tempo ocupou importantes cargos e exerceu diversas funções nas quais muitos viam oportunidades para o enriquecimento fácil. José Afonso Portocarrero, Seu Porto, como era conhecido, nunca se sujeitou a sujá-las, não meu pai, e ele permaneceu assim até o fim de sua jornada.

Mãos de um homem que sabia onde pô-las para não se comprometer perante Deus; mãos que não deixaram de ser justas nem quando precisaram corrigir o rumo de seus filhos no intuito de colocá-los na direção certa. Atitudes que, na maioria das vezes, foram tomadas por meio de exemplos morais, no entanto ele também soube usar delas de maneira firme para apontar o caminho da retidão. Nas raras vezes em que não conseguiu, procedeu como se as falhas tivessem sido suas por não ter agido com equidade, ou mesmo por ter falhado em algum momento da nossa educação.

Mãos que, com o passar do tempo, foram perdendo a força de quando a segurávamos para ir aos lugares que conhecemos em sua companhia; mãos das quais ainda sentimos falta do contato com as nossas, do calor humano que emanavam e do amor que transmitiam ao pousarem sobre nossas cabeças e ombros. Somente seu toque era suficiente para erguer-nos do desânimo e acalmar a dor, senti-lo eliminava a necessidade de palavras, mas mesmo assim elas vinham em apoio aos seus gestos.

Aquelas mãos, que juntamente com as de mamãe seguraram as dos filhos até poderem soltá-las na certeza de que seguiriam seus exemplos em todos os momentos que enfrentariam e que também serviram de apoio aos netos durante o tempo em que permaneceram sendo os faróis a guiar nossas travessias; mãos que relutaram em aceitar que estavam livres para serem usadas somente para eles mesmos posto que até aquele momento só foram usadas para atender às necessidades dos outros.

Sim, aquelas mãos mereceram o descanso que tiveram quando passaram a segurar as nossas ao serem levadas para onde quisessem e fosse necessário; mãos que de auxiliares passaram a ser auxiliadas pelas que tão bem souberam guiar; mãos que foram tão queridas por sua esposa e filhos e pelas quais procuro agora fazer o necessário reconhecimento a tudo que fizeram por mim e por todos que estiveram ao seu alcance.

Espero ter aprendido a usar as minhas tão bem quanto meu pai usou as dele, vez que são parte da continuação das suas. Obrigado, papai, por ter as mãos mais importantes que as minhas seguraram um dia.

Mensagem aos meus filhos

Eu estou aqui como vocês, enfrentando os problemas que puxam para um lado enquanto eu puxo para o outro. Por isso, todas as manhãs, ao acordar, abro os olhos e vejo o sol brilhando, pura energia, ali, disponível, iluminando os nossos dias e confirmando meus pedidos de todas as noites quando vou dormir.

Quando rezo meu terço peço a Deus e a Nossa Senhora que acolham as minhas súplicas e iluminem nossos caminhos, que protejam nossos corpos e nossas almas para que nada de mal nos aconteça e, assim, possamos ir em frente com muita fé, força e esperança.

Não podemos fraquejar. Desanimar nunca é a melhor solução e isso se aplica a qualquer empreitada em que nos envolvermos. Ânimo e paciência são receitas básicas de sobrevivência, inclusive no mercado de trabalho. De qualquer forma, começar tudo de novo é, no mínimo, um desafio assustador, entretanto é um caminho que pode e deve ser percorrido.

Vocês já devem ter ouvido a frase: "Se a montanha não vai a Maomé, Maomé vai à montanha", então, se ainda não sabem seu significado filosófico, vou tentar contar a vocês.

Maomé é o profeta fundador do Islamismo e ensinava seus seguidores a preferirem o simples ao complicado. O provérbio em questão faz parte da história sobre ele e relata seu encontro com um grupo de árabes que, após ouvi-lo, pede a realização de um milagre que pudesse comprovar o que ensinava.

Então Maomé concentrou-se e ordenou ao Monte Safa que viesse até ele. Como sua ordem não foi atendida, ele solicitou aos discípulos que o seguissem, e foram todos até a montanha. Lá chegando, Maomé agradeceu a Deus pela misericórdia de não ter permitido que a montanha se deslocasse porque, se assim fosse, poderia ter esmagado a todos que estivessem em seu caminho, inclusive as pessoas que o acompanhavam.

O que Maomé quis dizer com isso? Que somos nós os responsáveis por ir atrás dos nossos objetivos, que são nossas pernas, portanto, nosso esforço, que nos levarão a alcançá-los, e, finalmente, que não devemos esperar que outros o façam por nós.

Passem a pensar assim, porque nunca é tarde para recomeçar, ainda mais em um país onde poucos se capacitam e menos estão dispostos a lutar por seu lugar ao sol. Prestem muita atenção, porque boa parte das pessoas procura encontrar a coisa pronta para nela encostar-se, e isso faz com que percam a vida procurando esse lugar. Quase ninguém vai à luta para construir seu caminho como vocês já se dispuseram a fazer mais de uma vez, então por que não tentar de novo, de novo e de novo, hoje e sempre que for necessário.

Continuar acreditando é o princípio da vitória, o que sempre remete nosso pensamento a algo infinito, que não é mensurável. Como também não é mensurável o amor que sentimos uns pelos outros, já dizia seu velho pai aqui, agora filosofando.

Meu terço e minha fé em Deus

O ano de 2005 tinha sido um bom ano para mim como um todo, mas em 2006, ao chegar março, comecei a ficar preocupado com a proximidade do final do contrato de gerenciamento das obras no qual eu trabalhava e a não confirmação das expectativas relativas aos novos projetos em que estávamos trabalhando.

Nesse ano, eu havia sido contratado para trabalhar na captação de novas obras e projetos. Entretanto, àquela altura, todo o trabalho estava se mostrando em vão. Houve até um reavivamento das esperanças quando uma das obras foi licitada, mas não conseguimos o contrato. A razão disso foi a detecção de escândalo envolvendo uma das empresas que havia vencido a licitação, o que pôs tudo a perder.

Para nossa frustração, depois de todos os esforços feitos desde 2004, as coisas haviam empacado e começamos a ficar preocupados com a possibilidade de não conseguirmos vencer nenhuma concorrência. Para complicar, começamos a perceber a provável existência de direcionamentos e, diante dessas circunstâncias, as coisas costumam mesmo desandar.

Em agosto, o dono de uma das empresas para as quais eu trabalhava entregou-me uma carta informando que meu contrato de parceria e prestação de serviços com ele seria encerrado em outubro daquele ano devido à falta de perspectivas nos assuntos em que atuávamos juntos.

Minha salvação seria reativar meu contrato de prestação de serviços com a Caixa Econômica Federal, com o qual trabalharia até conseguirmos participar e, se possível, vencer uma das concorrências para os gerenciamentos de obras que estavam sendo anunciadas.

Enfim, entrei setembro meio zonzo com tantas coisas dando para trás. A essa altura dos acontecimentos e como o contrato em que trabalhava ainda estaria vigente até o final de outubro, encarregaram-me de representá-los nas negociações que se seguiriam. Aconteceu que me sai muito bem nessa função, o que, a bem da verdade, nunca em minha vida tinha imaginado vivenciar.

Foi quase um estupro, pois apesar dos meus cinquenta e tantos anos e de já estar convivendo com aquele ambiente há bastante tempo, além de conhecer pessoalmente todos os atores, eu ainda não tinha me envolvido tão profundamente nesse tipo de negociação. Foi uma luta íntima muito grande com meus "eus" devido às características da minha formação e do meu caráter herdados dos dois lados da minha genealogia.

Nesse momento, estava bastante estressado, tanto que passei a ter sintomas de síndrome de pânico. Eu sentia um enorme vazio, faltava alguma coisa para me tranquilizar, mas não conseguia entender o quê. Foi quando minha esposa, sempre ela, meu verdadeiro anjo da guarda, disse-me para me aproximar mais de Deus.

Na realidade, durante toda a minha vida até aquele dia, eu só havia me sentido realmente próximo de Deus em dois momentos: em minha infância e durante certo período de minha juventude.

Na infância frequentei muito a igreja, levado por minha mãe e sua religiosidade inabalável. Naquele tempo, eu e meus irmãos mais velhos fomos coroinhas e estudamos em colégios administrados por padres. Havia, então, todo um clima propício.

Já em minha juventude, participei do que era conhecido como Encontro de Jovens na Igreja Católica. No início e durante algum tempo foi tudo bem, até que me decepcionei com algumas pessoas que frequentavam aquele ambiente.

Creio que foi aí que confundi as coisas, ou seja, minha fé não era forte o suficiente para que eu superasse as decepções que tivera com os indivíduos e não com a Igreja. Hoje sei que não fui capaz de separar as coisas porque não estava preparado para entender minha religiosidade como ato de fé.

Essa dificuldade, creio eu, é fruto de minha própria introspecção e não o resultado específico da convivência com as pessoas, até porque, entre elas, poucas realmente têm fé. Algumas sequer percebem a capacidade que a fé dá-nos de passarmos a acreditar em nós mesmos, de sermos capazes de superar as dificuldades que certamente encontraremos durante a vida.

Então voltei a procurar Deus dentro de mim, abri meu coração a Ele e voltei a ter fé, pois creio que Deus está dentro de cada um de nós. Se cremos em nós, com certeza é assim porque cremos em Deus. Foi quando fiz o compromisso comigo mesmo de rezar o terço ao menos uma vez por dia pelo resto da minha vida. Alguns chamam isso de promessa, eu prefiro o termo compromisso, pois é dessa forma que me sinto, compromissado comigo mesmo. Faltava-me o terço!

Uma noite, enquanto rezava antes de dormir, pedi um sinal confirmando que eu estava no caminho certo para voltar a me "aproximar" de Deus. Como estava perto do meu aniversário, pedi para receber de presente o terço que eu tanto queria. Até aqueles dias, eu estava rezando com um que era da minha mãe.

Pois bem, no dia 28 de novembro daquele ano, depois do almoço, sentamos na sala de televisão fazendo hora para ir ao trabalho. Naquele dia, eu não conseguia relaxar, porque toda hora vinha a mim a lembrança do pedido referente ao terço, afinal era dia do meu aniversário.

Então ouvi o carteiro chegar com a correspondência e apressei-me em buscá-la, pois era fim de mês, época em que chegam as contas. Dessa vez, além das contas chegou também uma carta da Congregação de Nossa Senhora de Fátima. Esse tipo de correspondência, nessa época do ano, sempre traz um conjunto de cartões de Natal para serem adquiridos como forma de contribuição voluntária.

Desanimado, abri o envelope e percebi que havia, junto ao boleto e ao maço de cartões, uma pequena caixa. Ao abri-la, encontrei meu tão esperado presente. Lá estava meu terço, um presente de Deus trazido por Nossa Senhora de Fátima.

Faço aqui uma importante ressalva. Em todas as orações que vinha fazendo desde que minha esposa trouxe-me de volta à fé, eu rezava diante de uma pequena imagem de Nossa Senhora Aparecida, a mesma que a acompanhava há muito tempo em sua fé. Foi por intermédio dela e de Nossa Senhora Aparecida que recebi meu terço – uma me aproximou da outra e a Santa atendeu ao meu pedido.

Alguns podem até dizer que foi mera coincidência, até porque conheço pessoas que também receberam um igualzinho a esse que trago comigo desde então. A diferença é que, no meu caso, foi a pedido, tinha data marcada, foi fruto da fé. E teve muita, mas muita esperança envolvida.

Naturalmente, quando vi o terço meus olhos encheram-se de lágrimas e quase não consegui falar o que estava acontecendo, tão forte foi a minha emoção, já que não havia contado sobre meu pedido a ninguém, nem à minha esposa.

Aconteceu a confirmação da minha fé e, a partir desse dia, o terço passou a ser meu companheiro inseparável. Nem preciso falar da reviravolta que aconteceu na minha e em nossas vidas desde então, porque o ano de 2007 foi especial e os outros que vieram a seguir não foram diferentes, tanto quanto espero sejam aqueles que ainda virão. Eu acredito e tenho fé em mim e em nós.

CUIABÁ MEU ENCANTO

Por isso volto a insistir para que tenham fé e que façam do tempo de que dispõem em suas vidas o combustível de suas esperanças. Usem-no para reforçar as bases sobre as quais serão edificadas suas vidas, porque ele é irrecuperável e não deve ser desperdiçado. Por outro lado, tudo pelo que passamos, embora em algumas circunstâncias possam parecer derrotas irrecuperáveis, lá na frente será percebido como mais uma etapa do permanente processo de aprendizado que receberemos da maior das escolas, a escola da vida.

Como não é possível faltar às aulas desse aprendizado, devemos estar sempre atentos para aproveitar ao máximo o que nos é ensinado no dia a dia, pois mesmo enquanto dormimos recebemos informações. São essas as ocasiões em que, consciente ou inconscientemente, repassamos em nossas mentes todos os momentos vividos.

Coisas do Seo Manequinho

Nos anos 70 conheci um homem que, mais tarde e por razões que a vida não explica, veio a ser o bisavô dos meus filhos, e em razão disso me foi dado o privilégio de conhecê-lo profundamente.

Manoel Ramos Lino, Seo Manequinho, como nós o chamávamos, foi dessas pessoas difíceis de traduzir, mas fáceis de gostar. Dono de enorme força de vontade e afeito aos desafios do cotidiano foi, por assim dizer, uma das primeiras pessoas que conheci a envolver-se diretamente na preservação da natureza, e o fazia por meio de ações desenvolvidas na preservação das árvores frutíferas da cidade. Coisa que naquela época era interpretada como um exagero, quando não esquisitice.

Ao dizer árvores frutíferas refiro-me àquelas que tínhamos nos quintais, víamos nos terrenos baldios, e encontrávamos no entorno da cidade, em suas ruas e praças. Por óbvio, não estou me referindo às importadas, das frutas que estão nas gôndolas de supermercados e frutarias, e, sim, das genuinamente mato-grossenses, as da terra, como no dizer do nosso povo.

Onde estão os pés de SAPOTI, JABUTICABA, UMBÚ, ABIL, CARAMBOLA, GOIABA, BOCAIUVA e uma outra já muito rara naquela época, a FRUTA-BANANA. Até os pés de CAJÁ-MANGA, MANGA BOURBON, ROSA, COQUINHO, ESPADA e COMUNS, como chamávamos as que não tinham nome, também estão sumindo. Que dizer, então, das PITOMBAS e INGÁS, comprados de vendedores que, em seus carrinhos de mão, carregavam peixes, verduras, legumes e frutas da época. Tudo isso ainda me traz ao paladar gratas e saudosas lembranças degustativas do passado.

Foi em um 12 de outubro de anos atrás, Dia da Criança, que, sentado embaixo do TAMARINEIRO do quintal da casa do meu sogro – o coronel Octayde Jorge da Silva, personagem sobre quem ainda vou escrever um livro tamanha sua importância para a família, para o ensino e para a história de Cuiabá –, que proseando com a família e vendo a criançada subir nas GOIABEIRAS, nos CAJUEIROS, nas PITOMBEIRAS e chuçar as MANGUEIRAS, veio-me à memória a época em que aquelas outras frutas, as que meus filhos não conheceram, eram fáceis de encontrar em qualquer canto da cidade.

Naquele tempo, Seo Manequinho não permitia que jogássemos fora as latas de conserva, sacos plásticos ou qualquer outro recipiente que fosse possível encher com terra e colocar dentro sementes para produzir mudas. Com invejável vitalidade, armado de sua capacidade de cativar pessoas e aproveitando de suas permanentes andanças no trabalho diuturno que fazia para o Abrigo Assistencial aos Indigentes, Cegos, Inválidos e Desvalidos de Cuiabá, associação de defesa dos direitos sociais por ele fundada e levada adiante, aquele homem simplesmente ia procurando árvores frutíferas e coletando seus frutos para depois, aos finais de semana, descansar transformando sementes em mudas para dar aos amigos e para quem quisesse participar daquele seu esforço anônimo e pioneiro.

Como sei disso? Bem, acontece que quando me casei, Seo Manequinho, avô de minha esposa, tinha disponível um anexo em sua residência – na esquina da Rua Presidente Marques com a Rua Cursino Amarante –, onde uma de suas filhas, Luiza Helena, a mais nova, havia morado quando se casou, e ele ofereceu-nos o lugar de modo que economizássemos no início da vida conjugal e, ao mesmo tempo, fizéssemos companhia a ele, Dona Elza e Haroldinho, o filho caçula. E assim foi por dois maravilhosos anos.

Infelizmente, Seo Manequinho morreu em 1983, aos 78 anos de idade, ainda muito cedo para uma pessoa de seu espectro social e intelectual. Com ele foi-se, entre outras coisas, a luta pela preservação das árvores frutíferas. Naquele tempo não havia ação pública nesse sentido, exceto o trabalho do Horto Florestal que, por razão desconhecida, pouco se empenhava em resgatar e distribuir as mudas a que me refiro, quanto mais em plantá-las em locais públicos, como praças e canteiros, para que todos pudessem delas beneficiar-se.

Essas frutas, longe de serem recordações sem importância, são, antes de tudo, alimento e fontes de vitaminas, principalmente para as crianças carentes que aí estão a procurá-las nas poucas casas que ainda as têm, como acontecia na casa do Cel. Octayde.

Os cuiabanos de raiz até hoje devem lembrar-se do lugar, um muro alto com portão de grade, que escondia a casa e o enorme pomar localizados na área central da quadra que fica entre as ruas Barão de Melgaço, Cândido Mariano, Pedro Celestino e Campo Grande, bem no centro de Cuiabá, onde hoje está o estacionamento chamado Coronel Park, em singela homenagem. Lá, resistindo ao tempo, ainda estão um enorme TAMARINEIRO, uma ATEIRA, um LIMOEIRO e uma JABOTICABEIRA, últimas testemunhas do que já foi um quintal cuiabano de chapa e cruz.

Ainda existem outras casas assim na cidade, mas aos poucos estão dando lugar a novas edificações que acabam por descaracterizar o glorioso passado de Cuiabá, quando era conhecida como a Cidade Verde. Alguns dizem ser o preço do progresso, mas, convenhamos, o desenvolvimento não precisa ser tão cruel com a natureza. Até os pássaros estão abandonando a cidade por não terem frutas para comer. Restam pardais e pombas, aves estranhas aos nossos antigos quintais onde os sabiás não cantam mais.

Cabe, aqui, um apelo às autoridades, para que desenvolvam campanhas de recuperação das árvores frutíferas, plantando-as em praças, canteiros, residências, condomínios, empresas, indústrias e clubes, para que possamos, ao mesmo tempo, confortar as nossas memórias, preservar a nossa história, voltar a alimentar os pássaros e, acima de tudo, os mais carentes, isso sem falar nos benefícios à saúde que trazem consigo.

Será que ainda existem por aqui pés de PITANGA e CAJÁ (do amarelinho), aquelas frutas que só de lembrar enchem a boca de saliva?

Será que nas famílias e no casario antigo conseguiremos encontrar as espécies de frutas de que falo e, assim, recuperar o pomar cuiabano?

Tenho certeza que todos os que lerem este texto sentirão no paladar o sabor daquelas frutas e procurarão, como estou procurando, recordar o lugar onde viram, pela última vez, pelo menos uma das árvores cujos frutos tanto adoçaram nosso passado.

Se você as tem em sua propriedade faça um pequeno esforço comunitário, produza mudas, ou permita que alguém o faça, e dê aos amigos, vizinhos e até a desconhecidos. Caso prefira, entre em contato com o Horto Florestal para que eles, os técnicos no assunto, coletem, produzam e distribuam nossas saudosas árvores frutíferas.

Tenho certeza de que Seo Manequinho, um obstinado obreiro do Grande Arquiteto do Universo, vai agradecer lá do Oriente Eterno, onde se encontra.

Tia Jandira

Volta e meia alguém comenta sobre os personagens folclóricos de sua cidade, dando-lhes um perfil depreciativo, jocoso mesmo, desrespeitando essas pessoas e suas famílias sem se importar com quem foram ou o que as transtornou a ponto de torná-las diferentes, geralmente solitárias, invariavelmente devido à falta de respeito e solidariedade.

Em nossa Cuiabá não foi diferente, e é sobre uma dessas personagens que vou contar alguns fatos que podem mudar a compreensão de muitos, principalmente dos cuiabanos e chegantes mais antigos, aqueles que conviveram com Jandira Ramos Lino, ou Jandira Louca, como alguns a chamavam em uma provocação sem sentido, muito menos razão. Sim, ela era uma pessoa como todos nós, com nome, sobrenome, residência fixa, vizinhos e amigos, que a tinham em boa consideração, era querida e respeitada.

A história de tia Jandira começa no Rio de Janeiro, no início de século passado, para ser mais exato, no dia 27/12/1909, e termina no dia 18/06/1974, aos 65 anos de idade. Para quem nunca procurou saber, o século 20 foi um período que se notabilizou por avanços tecnológicos, políticos, sociais e civilizatórios importantes. Vários deles, infelizmente, caracterizados por massacres e conflitos ideológicos que culminaram em muitas mortes, duas guerras mundiais e disputas internas em países dominados por ideologias socialistas na sanha pelo poder, tanto que ficou conhecido como o século dos grandes massacres. No entanto, também foi considerado e século do glamour.

Naquele tempo, Paris, a Cidade Luz, era considerada a capital artística do mundo. Para lá iam escritores, pintores, compositores e artistas, os influenciadores de então, época em que os direitos humanos passaram a fazer parte das políticas globais, tal como o direito das mulheres ao voto.

Foi nesse mundo, mas no Rio de Janeiro, que nasceu e cresceu Jandira, em uma das diversas famílias tradicionais cariocas. Frequentou saraus, clubes literários, tocou piano, declamou e acompanhou a família nos convescotes da sociedade. Seu pai era militar e, de pronto, aceitou a transferência de serviço para Cuiabá, em boa parte devido à tristeza que o abalava pela perda da esposa, vendo nessa mudança a oportunidade de encontrar um bálsamo para minimizar sua dor, mas não para ela, ainda uma jovem e linda menina de cabelos cacheados.

Jandira não queria vir e suas tias muito insistiram para que ficasse com elas para continuar seus estudos e manter a posição social, mas seu pai, João Lino de Cristo, não aceitou perder a filha única e vir para cá trazendo consigo somente os filhos homens, entre eles, Manoel Ramos Lino, Seu Manequinho, meu elo com tia Jandira, iniciado com o meu namoro com sua neta, Clarita. Foi quando a conheci, pois frequentava a casa de meu futuro sogro e morava com Seu Manequinho, no bairro Quilombo, na Rua Presidente Marques, esquina com a Rua Cursino do Amarante.

Pelo que soube, desde que veio para Cuiabá ela teve dificuldades de adaptação, por sentir falta da mãe falecida e das tias com quem ficava no Rio de Janeiro. Assim, aos poucos foi se retirando do convívio com as pessoas, sobretudo de estranhos, de modo que imperceptivelmente a depressão foi tomando conta de sua personalidade.

Quando chegaram à cidade, moraram no Bairro do Porto, nas proximidades do Colégio Senador Azeredo, mas com a morte do pai foi ficar com o irmão no endereço já mencionado anteriormente. Por isso costumava caminhar de lá até sua antiga casa, agora pertencente a um tio, com frequência passando na casa da sobrinha casada com o Cel. Octayde Jorge da Silva, por quem tinha enorme afeição, provavelmente por ver nele a figura militar do pai.

Nos momentos de conversa costumava justificar suas andanças, dizendo serem momentos em que encontrava refúgio para sua angústia e sua solidão autoimpostas. Quando em casa, escrevia poemas, coisa que fazia bem. Espiritualista, lia muito sobre esoterismo, dava vazão à sua paixão pela música ao tocar piano e entregava-se ao vício do cigarro, fiel companheiro de solidão.

Aos poucos, tia Jandira também desinteressou-se pela aparência, mesmo tendo mania de tomar mais de um banho por dia, tanto que era lembrada por estar constantemente com uma toalha de rosto acomodada no ombro esquerdo, uma de suas características, e que usava para enxugar o suor. Entretanto os descuidos com os cabelos, o excessivo vício de fumar e a aversão a estranhos transformaram-na. Apesar disso, era extremamente solícita em casa e adorava conversar sobre política, oportunidade na qual mostrava sua excelente percepção dos turbulentos momentos nacionais que viveu, desde a década de 1930 até o tempo em que esteve conosco.

Incompreendida, desajustada em relação ao convívio com estranhos, perseguida pelos inconsequentes e reprimida em sua própria solidão, tia Jandira, ao contrário do que as línguas ferinas daqueles que não a conheceram disseram a seu respeito, foi uma vítima das circunstâncias, e quando partiu para se encontrar com o Criador o fez tranquilamente, em paz consigo mesma.

Haroldinho

– 14/11/2022 –

Faleceu Haroldinho, filho de Manoel Ramos Lino e Elza Cuiabano Lino, tio da Clara, minha esposa. Era uma pessoa especial e ao mesmo tempo extraordinária visto que, tendo Síndrome de Down, chegou aos 68 anos de idade, algo raro, certamente devido ao amor da família e ao carinho que todos que o conheceram tinham por ele.

Eterna criança, brincou com suas irmãs, irmão, sobrinhos e sobrinhas, estando presente até bem pouco tempo nas vidas dos filhos destes últimos e seus netos, por assim dizer. Era incansável em suas atitudes com todos, um dançarino, comediante e parceiro de cantorias e rezas, das quais, a seu modo, fazia questão de participar. Durante toda sua vida foi motivo de muita dedicação por parte daqueles que com ele conviveram.

Sempre foi dessa forma, desde que vovó Elza e vovô Manequinho trouxeram-nos ao mundo, em 1954, época em que a Síndrome de Down tinha tratamento e meios de integração ainda em fase de desenvolvimento, em especial no que se refere à convivência de pessoas especiais com o mundo. Mesmo assim, Haroldo, Dinho, Buy (guri em sua linguagem particular) e outras tantas formas de chamamento, viveu de forma plena junto a nós.

Quando das partidas de Seo Manequinho e Dona Elza, ele primeiro, houve a transferência das responsabilidades legais e familiares para, sucessivamente, Lília, irmã de Dinho, e depois, quando do falecimento desta, para sua filha Lúcia, em momentos que ficaram gravados em nossa memória pelas emoções que causaram devido à delicadeza e à forma como se deram.

Tanto vovó Elza como Dona Lília, em seus respectivos leitos de morte, estavam atormentadas por suas preocupações com Dinho após suas partidas porque sabiam da enorme responsabilidade que iria recair nos ombros de quem as substituísse na missão de cuidar dele.

Por mais que seus filhos se comprometessem com merecidos e necessários cuidados para com ele, foi só em seus últimos momentos, já em agonia, após ouvirem, tanto vovó Elza de Lília, quanto Dona Lília de Lúcia, que da mesma forma dedicar-se-iam de corpo e alma a Dinho, que se permitiram partir. Então, na certeza de que estaria tudo bem com ele, foram zelar por nós na companhia de Nossa Senhora e seu filho Jesus Cristo, Nosso Senhor.

Distrito Industrial Governador Garcia Neto, uma justa homenagem

– 25/08/2022 –

Hoje é dia 26 de agosto de 2022, quarenta e quatro anos se passaram desde que o Distrito Integrado, Industrial e Comercial de Cuiabá (DIICC) foi implantado pelo governador Garcia Neto, em um de seus últimos atos no cargo que tão bem exerceu nos quatro anos de seu mandato.

Esse evento, ocorrido em agosto de 1978, marcou definitivamente o início do processo de desenvolvimento do estado de Mato Grosso, por meio da concretização das metas do II Plano Nacional de Desenvolvimento (PND) do governo federal, lançado em 1974 e que tinha como um de seus principais objetivos enfrentar a crise internacional que havia levado o país à recessão.

O segundo plano, que definiu investimentos em vários setores da economia, era composto de ações que continham um novo modelo de desenvolvimento mediante a combinação de ações do Estado, da iniciativa privada e do capital externo. No entanto teve sua execução comprometida pela continuidade da contração econômica internacional.

Apesar das dificuldades causadas pela crise mundial, a implantação da malha rodoviária federal e dos distritos industriais, como o de Cuiabá, teve continuidade e interiorizou o desenvolvimento do país sendo, com isso, capaz de dotar o Brasil das cadeias produtivas que até hoje são, em grande parte, responsáveis pelo sucesso na ocupação do centro-oeste e, consequentemente, na produção das commodities agrícolas que hoje em dia tanto colaboram para o sucesso da nossa balança comercial, em que pese ser sua maior parte composta de matérias-primas usadas na produção de outras mercadorias, relegando Mato Grosso a um persistente baixo grau de industrialização.

Garcia Neto levou todas as suas missões como político e cidadão ao pé da letra. É importante lembrar que o ilustre engenheiro civil, sergipano de nascimento, exerceu cargos públicos em seu estado natal e em Mato Grosso, seu estado por opção, onde foi prefeito da capital, vice-governador, deputado federal e governador, portanto mais do que justa a homenagem de dar seu nome ao Distrito Industrial de Cuiabá.

A razão pela qual escrevo este texto deve-se ao fato de ter tido a honra de estar presente naquele longínquo agosto de 1978, ainda como estagiário de Engenharia Civil, época em que o Programa de Industrialização estadual era tocado pela Secretaria de Indústria e Comércio de Mato Grosso (SIC--MT) e tinha como coordenador de seu Departamento Operacional o engenheiro Ivo Cuiabano Scaff e chefe de Setor o engenheiro José Epaminondas Matos Conceição, pessoas que levaram adiante a missão de elaborar os projetos de oito distritos industriais localizados nos principais polos de desenvolvimento do ainda íntegro estado de Mato Grosso, nas cidades de Cuiabá, Rondonópolis, Barra do Garças e Cáceres, mais os quatro que hoje encontram-se no atual estado de Mato Grosso do Sul, quais sejam, Campo Grande, Dourados, Corumbá e Três Lagoas.

Voltando ao dia de hoje, será uma honra estar presente na cerimônia de descerramento da placa alusiva à fundação do, agora denominado, Distrito Industrial Governador Garcia Neto, e poder comemorar com os amigos que lá estão, seus quarenta e quatro anos de existência.

Professores e alunos

Em meio a toda essa discussão sobre a tão necessária reforma na educação, contingenciamentos, passeatas e carreatas, encontrei, no final da tarde, um dos homens com quem tive a oportunidade de aprender.

Batemos um breve papo sobre o passado e o presente, recordamos amigos comuns e despedimo-nos, afinal estávamos comprando o pão do fim de tarde para nossas famílias e havia pessoas à nossa espera. Espero, um dia, estar com ele juntamente a outros amigos e colegas para termos a oportunidade de extrair desse ilustre mestre um pouco mais de sua sabedoria.

Pessoa discreta e dedicada ao seu trabalho e à sua profissão, levava aos seus alunos, desde os tempos da Escola Técnica Federal de Mato Grosso até seu brilhante período de aulas na Universidade Federal de Mato Grosso (UFMT), o conhecimento, como quem leva alimento a quem tem fome. Seu profissionalismo e sua personalidade foram tão importantes que vários de seus alunos nele inspiraram-se para seguir com brilhantismo a carreira de professor e puseram-se a ensinar, tornando-se, como ele, ilustres engenheiros e respeitáveis mestres.

Assim eram, naqueles tempos, os relacionamentos entre professores e alunos. De um lado, o saber, e do outro, o aprender. Era uma simbiose simples e direta como deveria ser e porque existiam inquestionáveis interesses comuns entre as partes, como a ética, o conhecimento e a dedicação à profissão de engenheiro.

Havia, sim, os movimentos estudantis que, desde aquele tempo, diziam-se apartidários como, aliás, está no próprio estatuto da UNE (União Nacional dos Estudantes), mas já era perceptível sua contaminação pelas ideologias que persistem até os dias de hoje. Aliás, foi como conseguiram sobreviver, a ponto de tornarem-se o instrumento principal da infiltração intelectual, difusão de ideias e instrumento de subversão das escolas e universidades públicas no país.

Mas vamos lá, o motivo do texto é dar um exemplo do professor e de sua missão e não dos que negam tudo, peremptoriamente, inclusive o aprender, parafraseando seu principal mentor frente à acusação de corrupção na CPI do Mensalão.

Dedicado ao engenheiro civil, professor e amigo Reniel Pouso Filgueira.

PRAÇA DA REPÚBLICA
Fotógrafo: Lázaro Papazian
Data desconhecida

Malabaristas ambulantes

– 03/10/2022 –

Conheço pessoas que identifico como redondas, mas não pela aparência e, sim, pelo comportamento. Sim, porque nunca mostram ter ao menos um lado, especialmente quando inquiridas e dizem não ter opinião formada sobre isso nem sobre aquilo, agem como a antítese do que diz Raul Seixas nos versos da música *Metamorfose ambulante* e assumem não ter opinião formada sobre nada. Se, como dizem os filósofos do "dane-se o mundo que eu quero passar", o cantor referia-se em sua letra à mesmice e à estagnação conservadora em interpretação típica dos seguidores da filosofia Paulofreiriana, certamente também nela baseiam-se os "redondos".

Esses, sim, verdadeiros malabaristas ambulantes, aquelas pessoas que só depois dos acontecimentos findarem manifestam-se e assumem um lado. É quando se deixam rolar conforme desce a ladeira.

São como bolas de gude, as bolitas que lançávamos na direção que queríamos em nossos jogos de crianças. Os que agem assim são perfeitas expressões do que definimos como aproveitadores, aqueles que são levados pelas ondas das marés da vida e dançam conforme a música.

Estão sempre de bem com os poderosos, pois é deles que tiram seu sustento. Por princípios, melhor dizendo, na falta deles, havendo lucro e por aí que vão. Gravitam no entorno de seus mandantes enquanto deles podem tirar proveito, daí não se importarem em girarem como peões nas mãos de quem tem a corda, tanto que nelas permanecem até caírem ou serem descartados. Enquanto isso vão acumulando "dinheiros" sem se importarem com a origem nem com os malefícios que isso possa causar.

São os que agora e em outros momentos de decisão não se manifestam. É quando voltam a assumir aquele formato que não tem lado nem personalidade, razão pela qual não medem as consequências de seus atos, apenas torcem para que tudo dê certo... para eles.

Uma das justificativas é que fazem assim por não saberem considerar o futuro e, como todos os egocêntricos, nessas ocasiões olham apenas para os próprios umbigos. Outra delas, é a de que "o futuro a Deus pertence". Essa, então, ao contrário do sentido divino da frase, não passa de uma desculpa esfarrapada para justificar sua covardia intelectual e, por consequência, a própria falta de humanidade.

Que Deus, Aquele que arquiteta nossa existência, receba-nos conforme forem os meus, os seus, os nossos atos.

A ordem dos fatores

– 30/11/2015 –

Na aritmética, a ordem dos fatores não altera o produto.

Em que pesem as discussões filosóficas sobre o axioma, a verdade é que em políticas públicas ele nem sempre é aplicado.

A essa "necessária ordem dos fatores" o governo pouco tem dado importância nos últimos anos, daí vivermos hoje o resultado dos erros insistentemente repetidos em relação a essa questão.

É fácil perceber que erraram ao promover incentivos ao consumo sem que estivéssemos preparados para produzir o que almejavam que fosse consumido.

Não havendo preocupações concretas com a ordem dos fatores, de nada adiantou tentar exercitar o axioma. Quem disse que a ordem dos fatores não altera o produto com certeza não estava falando em políticas públicas. No nosso caso tupiniquim, foi como tentar fazer com que a flecha lançasse o arco.

O incentivo ao consumo interno deveria ser precedido do incentivo à produção interna ou, ao menos, acontecer de maneira simultânea, em investimentos em infraestrutura e em programas de processamento das nossas commodities, antes de exportá-las *in natura*, posto que tivemos a oportunidade e pouco fizemos nesse sentido. Tivéssemos agido assim teríamos agregado valor aos nossos produtos e gerado emprego nos processos produtivos e industriais, proporcionalmente reduzindo o risco de desabastecimento, desemprego, inflação etc. Isso tudo sem falar na possibilidade de gerar divisas para investimentos nos setores prioritários, mas sempre deficitários, de saúde, educação e segurança.

As cadeias produtivas deveriam ter sido incentivadas mediante parcerias internas e externas, em que as nossas carências seriam minimizadas por meio de importação de tecnologias, equipamentos e conhecimentos de países desenvolvidos e em desenvolvimento como nós, mas, infelizmente, não foi isso o que aconteceu.

Com uma economia momentaneamente superavitária devido ao *boom* das commodities graças ao aumento do consumo em economias emergentes (caso da China), o mundo mostrava-se pronto para nós.

Parecia até que o país estava resolvido de modo definitivo, tanto que o governo, sentindo-se como uma potência econômica em ascensão, iniciou, junto a economias tão ou mais deficitárias que a nossa, uma política externa paternalista, ao mesmo tempo em que nos afastava das fortes economias que tradicionalmente tínhamos como parceiras.

Resumindo, entre outras coisas, o que vimos foi a deterioração da indústria nacional devido à falta de políticas públicas voltadas a sua capacitação para atender à demanda interna gerada. Só assim teríamos feito frente à invasão de produtos importados para saciar o exacerbado consumo.

Zé Ninguém

– 03/04/2016 –

Impressionante como é comum a gente receber como justificativa pelos malfeitos a resposta de que ninguém respeita isso, ninguém se importa com aquilo, e por aí vai.

Quem será esse tal ninguém a que tantos se referem para justificar suas próprias posturas diante do que é correto quando estão errados. É o caso de perguntar se a pessoa também se considera um "ninguém".

Sim, porque quem age com tanto desdém só pode ser mesmo um Zé Ninguém da vida.

Salve, salve, amizade

– 01/04/2016 –

Eu, em especial, sempre me senti grato a Deus pelas pessoas especiais que fui encontrando pela vida afora, aquelas que me deixam orgulhoso de dizer em forte e em bom som, esses e aqueles são meus amigos.

Tenho certeza de que tudo que aconteceu conosco no passado e que nos é permitido viver agora não se deve somente aos esforços de alguns de nós que se envolvem mais diretamente no dia a dia uns dos outros, e, sim, é fruto da participação de todos.

Acredito que aqueles que não vemos com a frequência desejada ou mesmo os que já se foram desta vida e só voltaremos a ver quando formos ao seu encontro estão todos sintonizados em uma mesma frequência, com o pensamento uns nos outros, formando aquilo que entendo como amizade. Também acredito ser isso parte do que nos motiva a viver como vivemos.

Viva a vida e viva a amizade!

Em respeito aos brasileiros de boa índole

– 03/04/2016 –

Se você precisa de alguém para apoiá-lo, dar-lhe socorro nas horas difíceis, alguém que possa salvar sua vida, a quem você recorre? Como obter esse apoio de forma incondicional e despojado de retribuições, favores, pagamentos? Não estou falando de família, estou falando de amigos, colegas, pessoas que lhe tenham admiração.

Procure parceiros verdadeiros. Aquelas pessoas de todas as horas e todos os momentos, as que lhe tenham respeito.

É difícil, não é mesmo?

Então imagine você precisar de centenas, milhares, e até milhões de pessoas com essas características que, voluntariamente, sem interesses pessoais, desapegadas de benefícios diretos ou indiretos, venham ao seu encontro quando sentirem ser necessário estarem juntas a você e a outros tantos por sua causa.

É nesse momento que você percebe quem sabe a diferença entre o certo e o errado, a verdade e a mentira, o que se vende e o que não se deixa comprar, quem paga por apoio e quem recebe apoio incondicional.

Essa é a diferença entre aqueles que querem um Brasil formado por pessoas livres e que, por esse motivo, assim se manifestam, e aqueles que querem outro país, que precisa pagar pelas presenças, que oferece empregos e não se importa com os desserviços, que cobram os "favores", que corrompe os mais humildes para que, qual massa de manobra, compareçam às manifestações de seu interesse.

CUIABÁ MEU ENCANTO

Sempre presente em nossos corações

– 05/04/2016 –

Sabe família no sentido mais abrangente que essa palavra possa ter, aquele em que lá estão, pai, mãe, filhos e netos? Então, esse maravilhoso grupo de pessoas que Deus colocou juntas aqui no mundo teve sua primeira perda. E foi justamente ela, a raiz de tudo, a razão da nossa existência, nossa mãe. Ele chamou-a primeiro, deve ter lá Suas razões, todas dolorosamente incompreensíveis para nós.

Às vezes, fico a imaginar como teria sido sua reação se um de nós fosse chamado antes dela e não tenho dúvidas de que teria sido muito mais doloroso do que foi para nós tê-la perdido. E também, tenho certeza, que sua religiosidade e fé seriam os pilares que sustentariam suas forças para seguir em frente.

Creio que Deus chamou-a primeiro para poupá-la dessa dor e para que, em companhia d'Ele, ela possa continuar a olhar por nós, uma vez que a idade avançada já a privava da maioria das coisas que tanto lhe davam prazer. Por isso, este final de ano será muito difícil para todos nós, mas por ter sido um desígnio d'Ele saberemos superar a dor de sua falta, lembrando com carinho dos exemplos de dedicação a tudo que fez e a todos que com ela tiveram a maravilhosa oportunidade de conviver.

Adeus, mamãe. Você estará sempre presente em nossos corações!

Existe esperança

– 04/07/2016 –

A esperança é uma eterna criança.

Sim, eterna enquanto esperamos que alguém ou alguma coisa seja feita para mudar a triste realidade que vivemos todos os dias, todas as horas, a todo o instante.

Mas quem será esse alguém e o que poderá fazer? Essa pergunta é eterna companheira da ansiedade de todos nós e não encontrará resposta de ninguém em nenhum lugar, só o silêncio impiedoso das autoridades e a incapacidade das instituições.

Não enxergamos ou não queremos aceitar nossos próprios erros. Erros que vinham sendo insistentemente cometidos enquanto nos omitíamos e aceitávamos as desculpas que davam aqueles que insistiam em querer que aceitássemos a utopia dos "direitos", de tal forma que não cumpríssemos com nossos "deveres" nem em nosso ambiente mais íntimo.

Mudaram os conceitos básicos da educação e tudo passou a ser permitido aos menores e adolescentes. Alegavam os especialistas que eles são inocentes crianças cujas personalidades em fase de formação não poderiam ser contrariadas. Um simples "não" passou a ser considerado uma forma de limite à criatividade, à liberdade de expressão, quando, na realidade, não passa de um necessário ajuste ao eventual descontrole da personalidade em formação que, se bem usado, ensina a diferença entre liberdade e libertinagem.

Esses jovens precisam estar permanentemente juntos a familiares para deles receberem a formação moral, cívica e eventualmente religiosa de seus próprios pais. No entanto permitimos que pusessem vendas em nossos olhos, tapassem nossos ouvidos e fechassem nossas bocas com futurologias e mecanismos ideológicos que não acabaram bem em lugar nenhum.

A verdade estava sendo muito bem camuflada e, ainda agora, tentam demovê-la da nossa frente por meio de telejornais, novelas, filmes e campanhas publicitárias de forma a que acreditemos que a culpa sempre será nossa, como se não fôssemos as vítimas e, sim, os algozes, uma vez que constantemente tentam nos convencer disso mediante estatísticas manipuladas.

Tais estatísticas mostram apenas resultados, mas não as causas. Elas, as causas, estão dentro dos lares que lenta e propositalmente vêm sendo solapados por aqueles que querem tirar nossos direitos e nossas responsabilidades. Para enfrentá-los devemos buscar a recuperação da estrutura familiar e não em propostas externas para problemas com causas internas e domésticas, cujos fundamentos não estão nas creches, nas escolas, muito menos nas faculdades.

Como será o amanhã?

– 08/07/2016 –

Quando nos deparamos como uma situação como essa em que estamos vivendo, a segunda etapa de um jogo de três tempos, não tenho dúvidas de que todos se perguntam como acabará o segundo e como, então, será o terceiro tempo. Em outras palavras – como será o amanhã?

A pergunta fica cada vez mais difícil de responder na medida em que tomamos consciência de que fomos nós que elegemos o time e sabemos que no primeiro tempo quem participava da peleja eram, em boa parte, os mesmos indivíduos que estão em campo neste momento, só mudaram de posição.

Ao que parece, as substituições propostas, ou mesmo aquelas impostas, não terão condições de mudar o rumo da partida se não forem escaladas as pessoas certas na equipe. Ou seja, será preciso recompor o time e escalar só profissionais especialistas nas posições.

O terceiro tempo será crucial para todos nós. Não há espaço para os erros cometidos nos dois primeiros, sob pena de perdermos não só a competição, mas o rumo.

Ganância

– 09/01/2017 –

Não vou tratar aqui sobre a existência da ganância, mas de sua ausência.

Começo por dizer que nada aprendi sobre ela com minha família, nem de sua existência nas pessoas que me foram e são importantes.

O mais perto que dela cheguei foi por força de ofício devido às minhas atividades profissionais e às de pessoas com as quais acabei me relacionando no vai e vem da vida, embora procurasse evitá-las.

Graças a Deus, consegui administrar essas relações mantendo a distância necessária para que não me contaminassem. Entretanto é impossível eliminá-las por completo do nosso cotidiano quanto mais proeminentes sejam as pessoas com quem nos relacionamos. Isso é o que permanentemente acontece no ambiente público e, infelizmente, também em alguns ambientes privados.

Ganância é um substantivo feminino que denota a avidez pelo lucro, seja ele lícito ou ilícito. Apesar de apresentar-se como um sentimento, na verdade tem características relacionadas a um desejo insaciável e individual de obter riqueza material pelo dinheiro sem medir consequências.

Decidi falar do tema devido à reação de uma pessoa que me é muito querida e pela forma como interpretaram seus atos em uma situação que envolvia o investimento de recursos financeiros em sociedade com terceiros.

Vi em suas reações as mesmas frustrações que tive nas perambulações de trabalho por que passei, em que é relativamente comum pessoas medirem os outros por suas próprias métricas.

Ações gananciosas costumam prejudicar outras pessoas direta e indiretamente, além de atingirem os próprios autores já que julgam estarem protegidos por eventuais foros privilegiados, posições sociais ou mesmo pela força.

Não se esqueçam de que tudo é transitório na vida e que nada é levado para o outro lado, exceto o que se faz de bom e de bem.

Livres verdades

– 26/10/2017 –

Livres deveríamos ser todos por natureza.

Verdades devem ser ditas mesmo que impliquem consequências.

A afirmação parece errada se simplesmente lida, mas não, ela não é para ser somente lida, é para ser vivida, e vivê-la muda sua compreensão, pois se trata da forma difícil, até dolorosa, de alcançarmos a plenitude em nossa existência. Conseguir aceitá-la já é uma vitória da consequência sobre a inconsequência.

Se somos livres devemos ser verdadeiros, porque a liberdade nasce da verdade e dela depende para existir.

Ser verdadeiro significa agir livremente em todos os sentidos, exceto ao dividirmos nosso espaço com outras pessoas.

Se nossa verdade afeta a liberdade de alguém, não estamos sendo verdadeiros na correta acepção da palavra.

Somos realmente livres quando nossas verdades são críveis e compartilhadas por todos que conosco convivem.

Jogo é jogo, treino é treino
– 18/01/2018 –

Quando se trata de esportes, política e casamento, a afirmação é cabível.

No caso dos esportes é lógica a relação entre treinar bem e jogar ainda melhor para ganhar, não é mesmo?

Se as jogadas, os procedimentos e até mesmo as rígidas regras não forem treinadas e seguidas à risca, as derrotas vêm, irremediavelmente.

Política já não transmite essa relação tão direta, mas dá para ir adiante no raciocínio, vez que estamos assistindo a uma pelada atrás da outra, que me desculpem os peladeiros.

Esses pernas de pau da política estão se achando, mas não são mais os donos da bola. Seus partidecos transformaram-se em timecos de última categoria, sem condições sequer de disputar eleições em um país civilizado.

Os atores não aceitam que o jogo político está mudando, por isso mesmo nós, os eleitores/torcedores, precisamos primeiro afastar os parlamentares e os governantes corruptos para depois acabar com a política rampeira que vêm praticando. Esse é um jogo de cartas marcadas que, por puro comodismo, estamos obrigados a aturar.

Basta dessa lengalenga de conchavos e de resultados comprados.

Falta relacionar o tema ao casamento. Tarefa complicada diante da necessidade de reinterpretar os procedimentos mais relevantes das velhas atitudes masculinas e, porque não dizer, femininas, dos seres humanos.

Na maioria das vezes, quando adolescentes, iniciamos nossas atividades sexuais com parceiros(as) diferentes daqueles(as) com quem escolhemos casar.

Antes do casamento, ainda passamos por outros momentos intensos, as "ficações", os namoros e os noivados. Pois bem, vamos entender essas experiências como treinamentos para o jogo de parceiros que nos levará a constituir nossas famílias.

Não, não é uma afirmação, tampouco se trata de existência de regras a serem seguidas. Na verdade, o casamento é parte do jogo da vida. É preciso entendê-lo de pronto, pois suas regras são definidas pelo amor e precisam ser seguidas à risca. Nesse caso, então, não podem existir vencedores nem vencidos, senão nunca acabará bem.

O preâmbulo do casamento é constituído de muito treino, pois é essencial conhecer as qualidades, aceitar os defeitos e trabalhar para se autocorrigir.

Findo o treinamento, no casamento o que importa é estar pronto e ser capaz de desenvolver capacidades extraordinárias, tais como acreditar e ser sincero durante o resto do jogo da vida. Melhor dizendo, durante a maravilhosa existência do verdadeiro amor.

Fé e esperança

– 21/01/2018 –

Em todo início de ano vem a capacidade de avivar as chamas da esperança que realimentam nossos corações com sonhos e desejos.

Talvez a razão pela qual tenhamos esperança de dias melhores seja porque ela vem da alma, perambula por nossos sentimentos e enche-nos de emoção.

Diferentemente da esperança, a fé é um sentimento racional, incondicional mesmo, em que a dúvida não deve existir por ser ela o esteio da confiança.

Então vamos todos acreditar em um futuro melhor, com esperança e muita fé, especialmente neste ano de 2018.

Para isso é preciso repassar o que aconteceu conosco nos últimos anos, pois só assim teremos uma boa visão do que fizemos de certo, de errado e do que estamos nos tornando. Só então poderemos olhar para frente, conscientes do que precisamos fazer para que tudo fique melhor.

Sinceramente, creio que se nos posicionarmos assim, conseguiremos realizar boa parte dos nossos propósitos e surpreender quem não pensa dessa forma, devido à capacidade que desenvolvemos, isoladamente ou em conjunto, de encontrarmos soluções adequadas para boa parte dos nossos problemas.

Lembre-se, Deus sempre está presente!

Direitos adquiridos?

– 05/02/2018 –

Eis o Xis da questão, sobretudo quando nos referimos exatamente àqueles direitos conseguidos por quem deveria representar-nos, administrar nossos municípios, estados e país, aqueles que precisamos que nos protejam, defendam-nos e julguem. Para nós, quanto parece ser o resto? Porque nada nos resta, exceto pagar impostos.

Impostos que deveriam ser revertidos prioritariamente em nosso bem-estar, mas que são desviados por meio de manobras muito bem orquestradas no troca-troca de favores entre os três poderes nos três níveis de governança.

A eles, tudo é possível: remunerações altíssimas, 13º, 14º, 15º salários, auxílios moradia, representação e paletó, passagens, veículos, motoristas, camareiras, garçons, recessos duas vezes ao ano e mais outros tantos penduricalhos que chegam a dar nojo, sem falar dos foros especiais a que têm direito.

Como pudemos permitir esses aviltantes direitos serem dados a tão poucos em detrimento dos parcos direitos de tantos outros?

É por permitirmos que essas benesses injustificáveis continuem a ser dadas por eles para eles próprios que nossos direitos à saúde, à educação e à segurança permanecem sendo relegados a segundo plano.

Não, não adianta procurar um culpado ou culpados naqueles que elegemos como nossos representantes no Legislativo, muito menos no Executivo, o que dirá em um Judiciário, que sequer escolhemos.

Para sanear nosso país precisamos ter coragem de impor a extinção desses direitos adquiridos, visto que em nada nos beneficiaram até agora.

Pergunte a você mesmo como esses benefícios extras, que nenhum outro brasileiro pagador de impostos tem, ajudam nosso país? Nada, absolutamente nada. Então não há o que justifique sua continuação.

Aqueles e aquelas que os recebem nada fizeram até agora para os merecer, quanto mais por continuar a recebê-los. Chega desse tipo de *direitos adquiridos* que só se prestam a corroer recursos públicos!

Mulheres, falta-lhes espaço

– 06/03/2018 –

Desde há muito tempo, mas só recentemente de forma enfática, as mulheres estão se mobilizando para ter seus valores e direitos reconhecidos.

Luta justíssima, considerada sua importância desde os mais primitivos momentos da história humana.

Tiveram, devido às condições extremas daqueles tempos, a necessidade de amamentar e criar seus filhos, uma função de retaguarda, posto não existirem quaisquer outros recursos além de sua presença nessas atividades, permanecendo assim até não muito tempo atrás.

Devido a essas mesmas condições, também o homem, exercendo seu papel devido à força física, ocupou e permaneceu na posição de pseudocomando com efetiva dominância. Assim foi durante todo esse tempo como a única opção para a sobrevivência da espécie. Ambos cuidaram de prover alimento, saúde e segurança para suas famílias.

Entretanto, à medida que o tempo foi passando na esteira da evolução natural da humanidade, não houve como a supremacia masculina manter-se soberana utilizando apenas seus dotes físicos. Passou, então, a valer-se de subterfúgios místicos e religiosos para sustentar sua posição por mais de dois mil anos.

Para confirmar esse argumento basta lembrar os pilares, todos masculinos, sobre os quais foram baseadas as principais religiões no mundo.

Nesse ínterim, sua submissa companheira buscou sem descanso, mas também sem muito sucesso, alcançar sua justa posição, com seu valor e sua contribuição reconhecidos. Caminho esse cheio de obstáculo, mas que vem sendo percorrido com perseverante empenho.

"Certo é que seja pela beleza, pela inteligência, pela competência, pela sabedoria, pela persistência, pela luta, pela força ou por qualquer outro argumento que possamos considerar, a mulher foi, é e sempre será o elemento no entorno do qual orbitamos todos nós".

Elas são únicas, o que lhes permite serem, ao mesmo tempo, criatura e criação, caminho e condução.

Falta-lhes espaço e, paradoxalmente, poucas das que conseguiram ocupá-lo mostraram estar à altura das expectativas criadas. Boa parte acaba por cair no degradante lugar comum de quem precisaram substituir.

Todas merecem sinceras e esperançosas homenagens!

Notícias?

– 23/03/2018 –

Notícias, serão mesmo notícias o que ultimamente nos repassam as rádios, jornais e telejornais?

Notícias deveriam ser informações desprovidas de análises tendenciosas, sejam elas sobre política ou qualquer outra matéria enxertada de interpretações, inseridas a título de esclarecimento por esse jornalismo de resultados e metas que hoje se coloca dentro de nossas casas e de nossas vidas sem a menor cerimônia.

Para completar, temos a disseminação dessas informações manipuladas país afora sem que seja possível a mínima reação por parte de pessoas e instituições atingidas antes que seja demasiado tarde. São todos jogados em vala comum, qual indigentes.

É notório que os noticiários de agora são orientados para atender a demandas de seus patrocinadores e a tendências políticas de seus editores, menos para cumprir seu papel de bem informar.

Notícia não se vende nem se compra, notícia se dá. O que nos resta é suportar as manipuladas e extenuantes informações sobre assuntos que interessam mais aos patrocinadores do que aos cidadãos mal-informados.

Viva, Théo, viva a vida

– 25/03/2018 –

Não há nada que traga mais alegria e sentimentos de plenitude humana ao coração que a chegada de uma criança, visto que ela traz consigo a luz da chama divina. Deus fez-se presente, chegou mais uma de suas criações e trouxe com ela novas esperanças.

Esperanças de um tempo de paz e de prosperidade, que nos permita deixar como legado a essa e a todas as crianças um lugar onde sejamos reconhecidos como membros da mesma família, a família de Deus Pai.

Para satisfação de nossas famílias em especial e para a grande família de Deus, chegou Théo, que em grego denomina o próprio criador.

Théo, nossa linda criança, muito há de trazer de felicidades e alegrias a sua mãe e a seu pai, a nós, os avós, aos tios e às tias. A todos, enfim, contagiados pelo amor exarado com sua presença.

Que seja amoroso e generoso; que tenha o espírito aberto e o pensamento otimista; que se permita ser extrovertido e saiba impor-se; e, enfim, que obtenha sucesso, utilizando sempre de qualidades, atributos e méritos próprios.

Em homenagem à chegada de meu neto Théo.

Oi, Túlio. Seja bem-vindo

– 14/05/2020 –

Chegou de repente. Era para ser uma consulta de rotina e lá veio o Túlio, apressado como o pai e a mãe.

Ele tem tudo a ver com Tamara e Bruno, os ansiosos e apressados pais que o trouxeram para nós. Ele chegou para trazer paz e harmonia neste momento tão conturbado que o mundo atravessa. Túlio, vindo do latim *tulli*, que quer dizer *trazido*. Existem ainda teorias que lhe dão o significado de *honrado* ou mesmo *elevado*.

Esse é o nosso novo menino, *trazido* até nós por duas pessoas especiais, dois jovens que já estão juntos há muito tempo, desde a época em que estudavam. E olha que, nesse caso, foram muito pacientes mesmo, tanto que esperaram quase todos os amigos e amigas se casarem para só depois se unirem definitivamente. Cresceram juntos, amadureceram juntos, trabalharam juntos e, como fazem tudo juntos... Olha o Túlio aí, gente!

Com certeza, ele veio para consolidar esse eterno amor que já dura 15 anos. Só de namoro foram 12, acho até que gastaram toda a tranquilidade nessa fase. Como o amor é um eterno aprender, também aprenderam a aguentar as perturbações do vô Marcelo, pedindo uma criança a mais na família. E veio o Túlio, seguindo a tradição de filhos homens nos Portocarrero.

Daqui para frente começa a prova dos nove. Período em que certamente terão que recuperar aquela paciência de esperar 12 anos para se casarem e a ela adicionarem os demais ingredientes necessários para criar filhos.

Perguntem ao Tiago e à Priscila, eles têm a receita, a mesma usada pela Luísa e pelo Ademir, para criarem suas maravilhosas filhas. Com certeza, a mesma que utilizamos para criar o Tiago e você, Bruno. Ela é infalível. Afinal, foi baseada nos ensinamentos que também recebemos dos nossos pais.

Em homenagem à chegada de meu neto Tulio.

Lívia chegou

– 03/11/2022 –

Nossa neta Lívia chegou. Ela veio para reinar em meio ao universo masculino dos Portocarrero. É verdade, em meio ao vovô Marcelo, papai Tiago, seu irmão Théo, o tio Bruno e o primo Túlio, veio somar-se às mulheres da família, a começar pela avó Clara Maria, a tia Tamara e a mamãe Priscila, que, com a graça de Deus, juntaram-se aos homens com quem se casaram para lhes trazer amor, suporte, força e esperança.

Da mesma forma acontece do lado da família materna, os Rigo, não qual também veio juntar-se ao avô Luís, ao tio Gringo, ao primo Vicente e aos esteios da família Rigo, a avó Lídia, a tia Cássia e a mamãe Priscila.

Não querendo ser prepotente, mas já sendo, Lívia veio a nós como que em atendimento por Deus ao pedido deste vovô Porto, carente de filhas, que viu nessa gravidez a oportunidade de ter essa linda criança-menina para paparicar, fazer os gostos e acarinhar, assim como já faz com seus meninos queridos Théo e Túlio. Lívia é como a cereja do bolo, a estrela que é colocada no topo da árvore de Natal e completa-a.

Bem-vinda, minha querida; melhor dizendo, nossa querida. Venha encher de esperança as famílias Rigo e Portocarrero, que se juntaram um dia para ajudar a florescer as gerações que as precederão.

Você, por meio da delicadeza que Lívia representa e suas relações diretas com os nomes da bisavó Lília, da avó Lídia, da avó Clara, essa última devido a um dos significados dessa palavra de origem latina, e de Priscila, pela escolha e por ser a pessoa maravilhosa que, juntamente a Tiago, teu amado pai, trouxeram-lhe ao mundo, certamente será mais uma delas, posto que pessoas com esse lindo nome são fortes, trabalhadoras incansáveis e dificilmente desistem de seus propósitos. Amamos você!

Com carinho, vovô Marcelo.

Vem, vovô, vem, vem...

– 22/01/2023 –

Vem, vovô, vem, vem... Como resistir a esse chamado?! Às vezes, as crianças têm formas sutis de acender em nós emoções que superam em muito as que vivenciamos com os filhos.

Não precisam mais do que um olhar ou um sorriso, mesmo um gesto, quando não de uma palavra, para ocuparem de uma vez os corações dos avós.

Túlio, meu segundo neto, como todos, tem essa capacidade e sabe usar todos os sentidos para fazer valer seu controle, principalmente quando segura minha mão e fala suas palavras mágicas: "Vem, vovô, vem, vem", e com isso me leva para onde quer.

Théo, o mais velho deles, também sabe exercer esse poder sobre nós, eu em especial, até pelo celular, quando estamos em vídeochamada. Então, quando percebe a possibilidade de perda do controle da situação, sapeca um "Eu te amo, vovô", e logo recupera o domínio. É impressionante como eles aprendem rápido essa competência sobre os avós.

Agora chegou uma neta. Meu Deus, se os meninos já nos controlam, fico imaginando o que vai ser de nós com ela no comando! Sim, porque uma característica de nossa família é de uma superioridade esmagadora de ascendência e descendência masculina. Somos quatro irmãos e nenhuma irmã, tenho dois filhos e nenhuma filha, e já tive dois netos antes da chegada da Lívia.

Vai ser um arraso essa menina.

Incerto futuro

– 06/04/2018 –

Às vezes, como agora, bate um sentimento incerto em relação ao futuro. Seja ele o nosso, o de nossa família, o de nosso país ou mesmo o do planeta. O pior é que ele sempre está mal acompanhado de incômoda angústia.

Sem perceber e na maioria das vezes, em razão das circunstâncias, somos induzidos a desenvolver raciocínios egoístas em relação ao que vem pela frente, como se fosse algo que pudéssemos particionar, separando do todo só o que nos interessa ou afeta.

O pior é que quanto mais egocêntricos forem nossos pensamentos e nossas atitudes, mais nos enganamos, acreditando serem aquelas as soluções dos nossos problemas, pouco nos importando se serão causa para os contratempos dos outros.

Na verdade, precisamos entender que nosso incerto futuro, cada vez mais, depende de boas relações humanas, de ações comunitárias e de atitudes solidárias.

Diamantes em água

– 06/04/2018 –

Estes são meus amigos! Chega a ser sublime poder pronunciar a frase.

"Amigos são como diamantes em água, tão difíceis de encontrar que se torna quase impossível tê-los".

Os políticos e o jornalismo de ocasião, aqueles que se ocupam de encher-nos de lorotas, têm caminhado de mãos dadas na manipulação da palavra amigo.

Vamos lá, buscar no conceito de amigo, sua real e singela dimensão social que, a princípio, remete de uma solidariedade completa para algo muito mais que fraternal. A existência da amizade dá-se entre as pessoas não importa o sexo, o grau de parentesco ou seus vínculos sociais, políticos e profissionais. Como sua base é o relacionamento, são laços como o afeto, a compreensão e a confiança que criam esse maravilhoso sentimento mútuo.

Alcançar esse grau de relacionamento pode requerer anos de convivência ou simplesmente existir por acaso, como num toque divino e, de repente, tornar-se eterno. O que se vê nas falas politizadas e reportagens manipuladas é a intenção proposital de confundir amizade com parceria, amizade com sociedade e amizade com cumplicidade a ponto de apresentarem ela, um dos mais virtuosos sentimentos humanos, como algo dissimulado, até repugnante.

Quem somos?

– 20/06/2018 –

Ser ou não ser? Essa pergunta shakespeariana procura resposta há séculos e parece estar, a cada dia, mais obscura a sua solução.

Sob o ponto de vista do personagem Hamlet, lá pelos idos de 1600, a dúvida era se uma vez ciente de que a vida é cheia de tormentos e sofrimentos, não seria melhor aceitar a existência com sua dor inerente ou acabar com ela. Desde então, a dúvida sobre nossa existência só se fez aumentar com o tempo, na medida em que ela se aprofundou com a exacerbação das diferenças que fomos estabelecendo a respeito de quase tudo que se refere ao ser humano, principalmente no que deveria ser comum a todos.

No caso do príncipe Hamlet, o pior de tudo não foi descobrir a verdade dos fatos, mas saber que não havia percebido o que antes estava acontecendo ao seu redor.

Hoje, essa secular questão também se aplica à compreensão das indagações sobre a natureza íntima das pessoas, a consciência de si e suas existências como criaturas de Deus.

Amizades

– 15/12/2018 –

Somos levados a desenvolver certo tipo de amizade quando entramos na vida adulta. Abduzidos pelo interesse desmedido e pela busca do sucesso financeiro, certos indivíduos passam a importar-se cada vez mais com o *quanto vão ganhar* e cada vez menos com as consequências, para si e para os outros, de como vão fazer isso.

Assim, aos poucos, vão deixando as verdadeiras amizades – aquelas cultivadas no companheirismo e conquistadas pelo coração – em segundo plano, substituindo-as pelas ami$ades alimentadas por interesses mesquinhos na busca dos sucessos social e econômico.

O contrassenso de priorizar o lucro como principal resultado é que, agindo dessa maneira, embora subam na escalada social, descem em relação à afeição e perdem as que são verdadeiras.

Para aquelas pessoas com quem estiveram juntas na infância e na juventude, os interesseiros reservam um sentimento parecido com a amizade, mas que não passa de lembrança, já que é nostálgico como uma tristeza sem causa.

Esse tipo de ami$ade, que muitos cultivam ao chegar à idade adulta, só serve para alimentar a conta bancária e o ego como resultado dos relacionamentos profissionais administrados pelos negócios e pela política. Resta, então, muito pouco, quase nada, em relação àquele outro tipo de relacionamento a amiZade com "z".

Bolso ou bolsa passam a ter importância maior que argumentos ligados a conquistas sinceras do coração, contribuindo para que esse sentimento não mais remeta ao apreço das relações desinteressadas entre pessoas. Então passa a importar apenas o lucro que elas representam, e ainda dizem que esse processo é tido e justificado como uma evolução nas relações humanas.

No que se refere à amiZade, aquela do tempo em que um amigo representava segurança, carinho, compreensão, alegria e até tristeza quando solidária, essa continua, sim, a existir entre nós, basta querer, basta chamar.

Como um qualquer

– 04/06/2019 –

As constantes e reincidentes falhas na interpretação e na manipulação dos fatos estão tornando a incapacidade dos analistas políticos e econômicos cada vez mais evidente, porque não conseguem adaptar-se à evolução dos meios de comunicação e por não perceberem que as pessoas irão checar suas notícias com esse aparelhinho chamado celular, que está ao alcance de todos.

Estão como que acometidos de uma doença crônica que, além de tudo, está se tornando incurável do ponto de vista do cidadão comum que ainda os lê ou assiste. As maquinações do mundo político passam por uma exposição dos fatos mais do que evidente e interpretá-los passou a ser uma atividade individual e não mais coletiva, como teimam em tentar fazer prevalecer.

Hoje, qualquer um pode expor seu ponto de vista sobre determinado assunto, antes mesmo de tornar-se notícia ao ser publicado. Basta um celular na mão.

Quem sou eu para falar sobre isso? Esse é o âmago da questão a que me referi há pouco. Sou mais um qualquer, que tem celular e que acompanha os fatos e não mais as notícias.

Essa realidade também coloca em estado de estupefação catatônica economistas, sociólogos e políticos, desorientados pela forma isenta, honesta e conservadora de fazer política que passou a vigorar. Não acreditam no que estão vendo e por isso mesmo não aceitam o óbvio e ululante sucesso de um governo que apenas e tão somente está fazendo o que disse que iria fazer e que, por isso, foi eleito.

As notícias, como continuam a ser transmitidas, estão sendo construídas a partir de interpretações de articulistas e analistas que, em grande parte, submetem-se à linha editorial adotada pela empresa que lhes paga o salário. Essa é a razão pela qual estão distantes da realidade, aquela que as pessoas vivem em seu dia a dia.

Chega a ser ridículo assistir às projeções dos fatos sob a visão de profissionais que deveriam repassá-los como são e não como acham que deveriam ser. Erram em quase todas as interpretações do que entendem possível de acontecer e são incapazes de reconhecer a verdade quando ela se estabelece.

Tudo cabe no celular, tudo é passado e repassado para amigos, parentes e até para os que não concordam com o que pensamos, porque tudo, absolutamente tudo, está sendo visto e gravado por *um qualquer* que presencie o fato.

Como diz certo jornalista: "Vamos aos fatos, mas, por favor, parem de interpretar o futuro como cartomantes".

Vá a Roma, veja o Papa e muito mais

– 20/10/2019 –

Faça uma visita a Roma e vá ao Vaticano. Fique maravilhado e, ao mesmo tempo, confuso com a religiosidade dos ambientes por onde passar e com sua explícita relação com o comércio que lá existe.

Se possível, passe também por Londres, Paris ou qualquer outra cidade do mundo e verifique essa mesma relação em igrejas, museus, praças, ruas. Veja como a religião católica explora o comércio dentro de suas instalações e em seu entorno.

Não se pode generalizar e afirmar que em mesquitas, outros templos e igrejas de outras religiões aconteça a mesma coisa, mas sua fé ficará ao mesmo tempo reforçada pelo que será visto e abalada pelo contraste existente entre crer em Deus e a exploração comercial de sua adoração.

A fé e a esperança, que as pessoas demonstram ao se dirigirem àqueles locais, são exploradas em quiosques e lojas dentro e fora de lugares sagrados tanto quanto em seus museus. Isso remete ao ambiente encontrado por Jesus quando de sua visita ao templo de Salomão, ocasião em que Ele ficou tão decepcionado com o que viu que jogou produtos e moedas dos exploradores do templo ao chão na intenção de expulsá-los.

A religião é um negócio ou o negócio é uma religião? Fica a dúvida na cabeça de quem é movido pela crença em Deus.

Desolador ver como essa igreja passou a conduzir a religião com objetivos que contrariam sua razão de existir, ou seja, com a exploração da fé e da esperança na salvação da alma. É como se fosse possível usar do mesmo trigo com que se fez o pão que Jesus dedicou a Deus, depois o partiu e deu aos seus discípulos para vender o que dele restou a peregrinos e devotos.

A Igreja Católica Apostólica Romana parece estar a cada dia mais afastada de seus fiéis, tanto que, hoje em dia, seus sínodos, suas campanhas e suas homilias não tratam mais dos fundamentos cristãos, da catequese e da difusão da religião pelo mundo. A doutrina atualmente adotada tem clara opção política e postura profana em relação aos 10 mandamentos que regem seus compromissos com Deus.

"Meu Deus, acolhei as nossas súplicas, iluminai nossos caminhos e guiai nossos passos".

O que nos faz ser tão insensatos?

– 21/03/2020 –

Alguns têm o desplante de dizer que nossa insensatez deve-se à nossa origem, outros devido à inquisitiva influência religiosa e, pasmemo-nos, culpam até os nativos que aqui viviam antes do descobrimento, nossa principal, verdadeira e natural origem.

Só falta culparem nossa miscigenação, essa mistura de raças originárias de países tão diferentes, vindos da África, Ásia, Europa, Américas etc. Será que ficamos em uma espécie de limbo por causa dessa miscigenação?

Perdemos o caráter patriótico que todos esses países têm por não sermos como eles de origem única, raça pura e bem definida? Não, não acredito nisso! Deveria ser o contrário, com tanta gente boa sendo amalgamada pelo amor e pelo tempo.

Eu não posso considerar nossa extrema incompetência perante a história, creditando a culpa somente em nossa origem, em nosso passado. Não podemos permanecer culpando sempre os outros enquanto ficamos acomodados em nosso canto perante tudo, esperando que alguém venha e resolva, torcendo para que façam por nós o que não temos competência nem coragem de fazer.

Às vezes, como agora, deparamo-nos com verdades nuas, duras e cruas. Mesmo assim, tendemos a permanecer estáticos, como que entorpecidos. O que nos faz permanecer assim?

Será porque, de vez em quando, a gente ouve ser alardeado a toda voz que somos um povo abençoado por Deus e bonito por natureza?

Será que vamos continuar acreditando nessa condição especial e permanecer eternamente em berço esplêndido?

Foi por agirmos assim que abrimos espaço para que, no passado, e mesmo no presente, pessoas sem escrúpulos, aproveitadores de ocasião, como esses que se servem de uma crise de saúde mundial, acabam por mostrar sua repugnância por inteiro.

Chega! Chega!

Precisamos ser brasileiros de fato. Sem discriminação de cor, de raça, de credo, de sexo, de situação econômica e social. Sermos somente brasileiros de verdade, por inteiro, e darmos um basta nisso para o bem de todos.

É isso!

Eu acredito em Deus

– 30/03/2020 –

Li estarrecido a sugestão de uma mulher, provavelmente uma médica, propondo que para ajudar na decisão de quem vai viver ou morrer nos hospitais durante a epidemia de Covid-19, bastaria que as pessoas que estão querendo o fim do isolamento e a abertura do comércio assinem uma declaração abrindo mão de usar respiradores hospitalares.

Qualquer indivíduo sabe que a crise que estamos passando não se resolve assim, como essa pessoa sugere.

Existem outras situações passíveis de existirem ao mesmo tempo caso não sejamos capazes de entender tudo o que está acontecendo e que nos obriga a refletir conscientemente.

Existem outros atores, que não só doutores, nessa horrível desgraça.

Se fosse para agirmos assim, de forma tão radical como ela sugere, as pessoas que optarem pelo confinamento total deveriam assinar outro documento? Dessa vez, abrindo mão de serem atendidas e abastecidas por aqueles menos favorecidos e desesperados, que por falta de opção precisam expor-se ao vírus mesmo que não queiram. Isso porque têm que tentar salvar suas famílias, precisam produzir, transportar e entregar alimentos, remédios, EPI's, combustíveis para veículos, inclusive ambulâncias, limpar e recolher o lixo que geramos, principalmente nos hospitais, e proteger a todos contra os perigos de serem assaltados, quando não assassinados, por um pedaço de pão ou mesmo por pura maldade.

O que dizer, então, do trabalho dos que têm de enterrar ou cremar os corpos das vítimas desse vírus e daquelas outras doenças que também podem ser as causadoras do aumento exponencial das causas de mortes causadas pelo isolamento?

O que estamos vivendo não passa somente pelo sofrimento de ter que decidir quem vai viver ou morrer dentro dos hospitais, porque se todos pararem, provavelmente teremos que decidir quem vai viver ou morrer nas ruas e em nossas próprias residências.

De forma diferente eu acredito em Deus. Quanto a acreditar somente na ciência, quem assim o faz pode estar cometendo um erro imperdoável, porque é possível que essa mesma ciência tenha sido a causadora de tudo o que eu, você, nós, estamos passando.

Pabulum vitae

– 10/04/2020 –

O ar que respiramos, já diziam nossos ancestrais, é de onde retiramos as ideias. Os empíricos acreditavam, e hoje existem razões suficientes para voltar a crer, que as informações estão aí, passeando pela atmosfera. Elas não nascem no cérebro, respira-se no ar – *pabulum vitae*.

Razão mais que suficiente para acreditar ser ele, o ar que respiramos, a atmosfera, o oxigênio, quem define e dá suporte à vida. E como está poluído de venenos e vírus esse ambiente que construímos para dar suporte às nossas vidas!

Acho até que o nosso caso com o planeta Terra está mais para destruir do que para construir. Afinal, da natureza que constituía o planeta pouco resta, inclusive de ar puro. Quando mais evoluímos em um sentido, mais recuamos no outro. Essa é a ambiguidade da vida, ou o paradigma que estabelecemos como modelo.

Assim, enquanto desenvolvemos meios científicos e tecnológicos, também regredimos como seres humanos, porque quanto menor é a partícula pesquisada, maiores são os riscos a que estão expondo a vida. Quanto mais rapidamente a informação viaja, mais manejada ela vai sendo; quanto mais desenvolvida a pesquisa atômica, mais potente é a bomba; e, finalmente, quanto mais se manipula um vírus, mais letal ele é.

Pabulum vitae, esclarecendo, o ar, é o princípio pelo qual se dá forma e suporte à vida. Então, quando esse elemento passa a ser o ambiente pelo qual transita a possível causa da nossa destruição, é preciso agir com o princípio e não com o meio pelo qual estamos causando nosso próprio fim (princípio, meio e fim).

Não podemos deixar como herança um mundo destruído por um mal que é fruto da nossa ignorância e pelo egoísmo latente da nossa origem beligerante. Não podemos permitir que a disputa pela propriedade da solução seja causadora de mais desgraça que o problema.

"Se tudo o que está acontecendo não for o princípio do fim, que ao menos nos mostre como recomeçar".

A existência de todos dependerá de nossa saúde no sentido de salvação; sabedoria para reforçar nosso juízo, retidão de nossos atos e crença na justiça divina; segurança, por meio da qual reforçaremos nossa capacidade de reação ao que estamos passando; e a força mental, que precisamos para recuperar nossa estabilidade emocional ao final de tudo: Saúde, Sabedoria e Segurança.

O Papa Louva-a-deus

– 25/12/2020 –

Não confundam a expressão "O Papa Louva-a-deus" com o "O Papa louva a Deus".

A primeira frase refere-se à prática do sumo pontífice de agir como um Louva-a-deus, uma vez que ele faz uso de camuflagem e mimetismo para impor seu pensamento socialista aos incautos. A segunda, que aparentemente não é o caso, diz respeito ao verbo louvar no sentido de enaltecer o Criador. Aliás, esse é o mais significativo mimetismo utilizado por Francisco Bergoglio.

Para esclarecer a quem não sabe, o Louva-a-deus (Wikipédia) é um inseto que parece estar rezando e que, para disseminar sua espécie, a fêmea devora seu parceiro após o ato. Ou seja, exatamente como vem agindo o máximo líder católico ao abandonar os princípios basilares da Igreja que dirige para aderir à Nova Ordem Mundial. Entre outras agendas socialistas, propõe o controle da natalidade, o aborto, o fim da instituição familiar, o fim da liberdade de expressão e, pasmem, a extinção dos credos religiosos, ou seja...

O ímpeto e a coragem

– 09/06/2021 –

Quando jovens, aquela fase da vida que vivemos logo após a infância, época da curiosidade que nos levava a meter o nariz em quase tudo, o ímpeto era o combustível que nos movia para a frente.

É prazeroso lembrar de quando tínhamos que nos acotovelar com quem se metia a disputar conosco um lugar, fosse em uma fila para comprar uma entrada, no gargarejo de um show do Projeto Pixinguinha ou mesmo nos festivais de música popular.

O que dizer, então, das disputas esportivas, das partidas interclubes e dos jogos universitários daquela época em que, no auge da juventude, usávamos nossas forças física, técnica e tática para enfrentar e vencer adversários.

Essa motivação natural, a impetuosidade, também foi muito importante no início das nossas vidas profissionais. Ela nos fez buscar por objetivos muitas vezes sem a necessária reflexão sobre qual decisão tomar ou o caminho a seguir. Bastava surgir uma oportunidade e lá íamos nós à luta, enfrentando os obstáculos plantados por aqueles que se valiam das influências sociais e políticas.

As justificativas para esse tipo de procedimento e o enriquecimento ilícito sempre fluíram fácil no raciocínio, segundo o qual o que importa é ganhar, mesmo que para isso seja preciso vender a alma ao diabo. Coisas daqueles que obtêm sucesso por meio de suas relações com os facilitadores do dia a dia, configurando, assim, o normal deles.

Conhecimento, caráter e honestidade eram nossas credenciais – e ainda o são. Entretanto, assim como antes, ainda há pouco valor nos esquemas montados por aqueles que fizeram do contrário seu *modus operandi*.

As exceções são as raras formas honestas de ser que sempre existirão, não só para confirmar a própria natureza etimológica do termo honestidade, como também para expor a dinâmica das ligações externas, sejam políticas, sociais e familiares, sobretudo quando o objetivo é facilitar as coisas.

Trata-se de um procedimento desleal do comportamento humano e que permanece entre nós, utilizado pelos fracos de caráter, configurando-se como verdadeiro trampolim profissional, quando não em salva-vidas dos incompetentes.

Assim era e continua a ser no raciocínio genérico do *cada um por si e Deus por todos*, mesmo sabendo que não passa de uma contradição à realidade em relação à desejada intervenção divina. Mas Ele, que nunca interveio nesse sentido, estará sempre acompanhando nossos passos, estejam eles nos levando em sua direção ou mesmo nos afastando dela.

Graças a Deus, apesar dos pesares, praticamente tudo deu certo, em especial quando lembramos que, coroando aquela fase extraordinariamente dinâmica de nossas vidas, a coragem sempre esteve presente. Com ela vencemos desafios e superamos obstáculos.

Certo é que, em determinado momento, a coragem uniu-se à paixão e juntas elas levaram-nos a encontrar o amor das pessoas com quem construímos nossas famílias.

O **ímpeto** é o impulso que nos move inesperadamente. Ele é capaz de nos fazer vencer barreiras.

A **coragem** é como uma virtude. É a capacidade extraordinária que desenvolvemos para ir em frente, mesmo com medo.

Presentes

– 07/08/2021 –

Mostra a vida que os melhores *presentes* são aqueles que vêm do coração, porque seu conteúdo é puro amor. E olha que vamos aumentando esse estoque de felicidade que o amor alimenta, sustenta e constrói durante toda a nossa existência.

Assim, quando nascemos, recebemos o amor paternal que pais e avós nos dão, desde que descobrem que a semente germinou. Se Deus quiser, seremos brindados com o amor fraternal daqueles que vieram ao mundo para crescerem conosco como irmãos.

Os passos seguintes somos nós quem damos ao iniciarmos a convivência com as pessoas que encontramos em nosso caminho. Neles, encontramos os amigos e, sendo a vontade do Pai Celestial, apaixonamo-nos por alguém. Dessa paixão surge a terra fértil onde plantamos todo o amor que recebemos e acumulamos para fertilizar e reproduzir nos filhos. E daí por diante, pelo resto de nossas vidas.

Obrigado por estarem presentes em minha vida. Amo vocês!

É isso aí, amizade!

– 17/11/2021 –

Amizade, palavra muito explorada por todos os que têm amigos e por aqueles que pensam tê-los, na medida em que se traduz em algo efêmero como a alma que nos habita.

Não porque a amizade e a alma sejam inexplicáveis, mas porque nelas acreditamos sem que haja a necessidade de confirmação científica, como ultimamente está sendo exigido para quase tudo.

Amigo é uma das raras palavras que tanto pode ser adjetivo quanto substantivo. Assim, quando ela antecede o próprio substantivo, transforma-se em adjetivo e é usada para identificar pessoas por quem temos afeto, aquelas que nos são leais. E, sobretudo, por quem desenvolvemos um tipo de amor diferente, surreal, fruto de respeito, consideração e vice-versa.

Por isso, quando usamos a palavra *amigo* antes de nominar uma pessoa, nós estamos convertendo essa pessoa em *artigo* especial.

Já a amizade é um substantivo bastante substancial, porque significa sentimento e afeição, diferenciada por outra pessoa, a ponto de nunca decepcionar. É um sentimento no qual existe, de fato, reciprocidade completa e lealdade a qualquer custo.

O que importa é que, em qualquer situação, a palavra amigo é usada para referir-se a quem atribuímos todas essas qualidades, é o que justifica o estabelecimento de uma amizade. E pressupõe, ainda, a reciprocidade nela existente, ingrediente mágico e tão efêmero que implica ter sentido e ser sentimento.

Isso acontece quando temos a sensação de que algo bom é produzido em nossos corações, que nos faz sentir presos a outras pessoas, uma vez que somente existe quando despre-zamos outros interesses. Acontece quando nos confortamos com o convívio e, mesmo longe, isso nos contenta – razão suficiente para acreditarmos que a distância entre amigos ou amores não determina fins, pelo contrário, exalta princípios.

Amigo vem do latim "amicus", em cuja raiz está o verbo "amor", que significa "gostar de", "amar".

Tem gente que adora procurar problemas para o país

– 25/04/2022 –

Para quem vive à procura de problemas e não percebe as soluções em andamento, nem tem consciência de que o Brasil está inserido em um planeta mutante chamado Terra, portanto sujeito a todas as interações que nele acontecem para o bem e para o mal, proponho o seguinte: façam um levantamento contendo informações sobre a situação de pelo menos cinco países, levando em conta que o planeta tem seis continentes, a saber: América, Europa, África, Ásia, Oceania e Antártida. Esse último, naturalmente, deve ser descartado, considerando-se ser o único desabitado. Se quiser, esse número pode ser até maior, mas fica a critério do leitor.

A partir dessa definição, informar como estavam em dezembro de 2018 e como evoluíram desde então. Outra coisa, o início da pesquisa também fica a critério, pode ser o ano 2000, que tal? O início de um novo século. Pois é, assim vai ficar ainda mais bacana.

Sugiro os seguintes assuntos: população, inflação, PIB, salário-mínimo, renda per capta, educação, transferência de recursos a estados e municípios nos períodos em questão; investimentos dos governos em apoio à população de baixa renda, aos atingidos pelas crises econômicas, epidemias e pandemias; investimentos em infraestrutura do tipo saneamento básico, rodovias, ferrovias, hidrovias e outras ações que achar convenientes. Ah, sim, não se esqueçam de incluir questões relativas ao meio ambiente, direitos humanos, integração social, segurança e saúde.

Acho que muitos devem desejar saber o que, de fato, aconteceu durante esse período com os países que farão parte do levantamento, principalmente nas informações relativas ao Brasil. Quem sabe assim, aqueles que passam o tempo todo à procura de problemas parem de ser contraproducentes e ajudem a levar adiante o país ou, pelo menos, não atrapalhem.

Respostas

– 25/04/2022 –

Se você quer ter um casamento feliz, faça sua mulher se sentir importante e vice-versa em relação ao homem.

Se você sabe de sua importância para o desenvolvimento da área em que trabalha ou para o aprimoramento do que faz, não peças reconhecimento, mostre sua competência, isso basta.

Não use da importância dos outros para se fazer reconhecido. Se isso acontecer, porém, mostre não ter sido em vão que eles percorreram parte de seu caminho. Faça por merecer e mostre que, a partir daí, sua jornada foi plena de êxitos por motivos próprios.

Não desacredite ninguém para que acreditem em você e não diminua o esforço dos outros para destacar o seu.

Boa lição

– 04/07/2022 –

Esta história diz respeito a duas pessoas conscientes de suas responsabilidades sobre o futuro e não somente daquela situação incondicional que implica em criar os filhos, educá-los e prepará-los para a vida como ela é. Disso eles cuidaram enquanto tiveram forças e condições, durante o período em que seus meninos cresciam e tornavam-se homens de bem.

Zelosos quanto a mostrar o caminho correto, foram pródigos ao falarem sobre os perigos escondidos nos atalhos que aparentemente diminuem a necessidade de empenho no trabalho, sobre os desvios enganosos que em nosso caminhar poderiam chamar a atenção sobre as possíveis perdas que a fatalidade impõe a quem se dispõe o percorrê-los por puro oportunismo.

O passar do tempo e a bênção da longevidade, concedida por Deus ao possibilitar que chegassem longe em suas jornadas, fez com que observassem as reações das pessoas em momentos cruciais da vida, como o da própria morte. Decidiram, então, não nos deixar nada de material, de maneira a evitar que fosse o eventual motivo de disputa entre seus filhos e familiares. Assim, desfizeram-se dos poucos bens materiais de que dispunham e, em vida, distribuíram o valor obtido igualitariamente entre os filhos, reservando a eles próprios o suficiente para continuarem com tranquilidade suas vidas. E assim foi.

Não que isso seja uma receita certa e determinante para se ter como referência, mas há que se considerar a importância de ter em mente que a riqueza material costuma deixar para trás um pavio sensível aos desatinos oriundos da ganância, dando oportunidade para que o bom-senso deixe de existir.

Passamos por essas lições sobre a vida ao sermos criados dentro dos princípios religiosos mostrados por nossos pais. Foi dessa forma que tivemos conhecimento do que Deus propôs, que nos foi mostrado por Jesus Cristo e posto em prática pelos que n'Ele creem. O que deve ser observado por todos, visto que, segundo o que Deus nos disse por meio de um de seus profetas: "Podes escolher segundo a tua vontade, porque te é dado" (Moisés 3:17).

O tempo e a vida

– 18/03/2020 –

A passagem do tempo é imperceptível. Ele simplesmente passa e nem sequer percebemos sua existência. Afinal, ele é o mesmo para todos e não para, não espera.

Na essência da nossa memória, tempo e vida são coexistências. São as únicas coisas das quais, involuntariamente, participamos, a partir do momento em que tomamos noção de quem somos.

Daí em diante, o que fazemos com as nossas vidas e com o nosso tempo é de nossa única responsabilidade. Se em relação à vida o tempo não se recupera, em relação ao tempo a vida simplesmente passa.

A mais importante relação da vida com o tempo aconteceu e deu razão à definição da história do mundo quando tudo passou a ser contado como Antes de Cristo e Depois de Cristo.

O homem que em 33 anos de vida passou a servir de referência e tornou-se o principal marco da história humana – Ele – soube usar seu tempo como ninguém.

Se considerarmos que, em sua época, as distâncias eram percorridas a pé e as realizações foram contadas nos passos de Sua curta e difícil caminhada, veremos que o tempo que meramente passa é o mesmo para todos, cabendo a cada um utilizá-lo da melhor maneira possível.

O tempo e a vida são duas realidades em uma só. Eu, você, cada um de nós, todos nós temos a vida em nosso próprio tempo. Somos realidades que passam nos ritmos das batidas dos nossos corações.

Em obras

– 19/06/2020 –

Quando em desenvolvimento, sempre procuramos tirar lições do que acontece de certo ou de errado em nossas vidas. Agindo assim estamos permanentemente envolvidos em situações nas quais nossos procedimentos tendem a acrescentar valor a tudo.

Somos obras em construção, seja mediante ensinamentos, seja pelos exemplos que nos dão aqueles com quem nos deparamos no caminho da evolução e do aperfeiçoamento.

Não, não aprendemos somente com pessoas boas, uma vez que também convivemos com as más. Não, nossos passos no caminho não serão dados apenas sob relva suave ou areia macia, em nossa jornada haverá trechos em que encontraremos dificuldades e perigos.

Parte da tarefa está em superar esses obstáculos e saber que, quando não for possível, será preciso contorná-los, por mais difícil, demorado e cansativo que isso seja.

Durante toda a nossa existência recebemos lições sobre formas de agir, caminhos a seguir e instrumentos a usar, disponibilizados por Aquele que tudo planeja no Universo, o Ente Supremo, Aquele que nos deu vida e que nos orienta cada passo que damos na constante busca da perfeição.

Somos como pedra bruta que, em estado natural, deve ser trabalhada e aos poucos polida, com a necessária perseverança e denodado empenho para estabelecer os detalhes que comporão a nossa personalidade.

Árduo trabalho espera quem faz essa busca, a começar por combater as paixões que atormentam a humanidade. Passa pela submissão das vontades que nos subjugam, segue no afã contínuo do aperfeiçoamento interior e continua no exercício de progredir junto àqueles que comungam dos mesmos objetivos.

A imagem da pedra a ser desbastada simboliza o início de tudo até que, polida e translúcida, sem receios, permita ser desvendado o mistério do nosso interior.

Só então estará concluído o trabalho de descobrir o ser oculto que nos habita, pedra filosofal que existe em cada um de nós e que, somente a poucos, é-nos dada a oportunidade de encontrar.

Mãos à obra, meus irmãos...

Sentença

A sentença não é dada pela consciência de quem pratica o ato e, sim, por suas consequências.

De nada adianta dizer que se considera inocente se não é o seu mundo que desaba devido ao que fez.

Livrar a consciência não liberta o espírito, que assim permanece no vazio em que se encontra.

Ao contrário do corpo, que sendo matéria ao pó retorna, o espírito, enquanto corrompido, não terá sossego e vagará sem rumo. Indigno de descanso, ele voltará a ser alma incontáveis vezes porque cometerá incontáveis vezes os mesmos erros aos quais se apegou enquanto caminha nas trevas da densa escuridão.

Anmarithmētiké

O que mais diferencia as pessoas que estudaram matemática é que algumas só sabem lidar com as quatro operações aritméticas básicas.

Assim, as de má-fé usam a adição para somar privilégios, a subtração para diminuir liberdades, a divisão para separar os iguais e a multiplicação para aumentar o sofrimento de quem a eles não se submete.

Já as de boa-fé entendem que a aritmética é parte fundamental da matemática, razão pela qual usam as mesmas quatro operações para resolver equações complexas, como as socioeconômicas relativas a escassez de alimentos, energia, educação, segurança, preservação de direitos e justiça.

E você? Como aplica a ciência dos números, a anmarithmētiké, dos filósofos gregos?

Um certo lugar

Há um certo lugar onde chegaremos após cumprir todos os desígnios de Deus.

Antes disso, precisamos compreender a razão dos sofrimentos aos quais somos submetidos durante nossas passagens terrenas.

Tempo necessário a que a alma (espírito) que nos habita possa alcançar a plenitude. Essa, sim, uma só, que certamente muitas vidas suportará até chegar a "esse certo lugar".

Lá o materialismo não existe, mover-se é um pensamento solto ao largo do espaço sem fim, infinito que é, como o tempo que não mais se conta, pois a efemeridade perdeu sua relevância.

A fé e o medo

– 27/01/2023 –

O principal equívoco da igreja católica é não entender que a fé reside apenas e tão somente em Deus e que ela deveria ser (de novo, apenas e tão somente) uma instituição criada para congregar pessoas que creem Nele e em seu dileto filho Jesus Cristo.

É o que está acontecendo com outras instituições que também passaram a dar mais ênfase à arrecadação do dízimo que para a fé religiosa de quem as frequenta.

Isso está ocorrendo desde que passou a dar importância ao material em detrimento do espiritual, momento em que começou a perder esse importante elo com o Criador.

A meu ver, essa má orientação e o consequente afastamento de sua razão de existir estão causando perda de relevância em relação ao cristianismo original.

É difícil encontrar alguém que tenha se convertido ao cristianismo católico, devido às mudanças propostas por meio de novas teologias, a exemplo dessa que se auto interpreta como sendo da libertação.

O que se percebe, estatisticamente falando, é a sensível redução no número de cristãos seguindo essa, digamos, nova ordem, que aos poucos vai se apossando do tradicional catolicismo. Se estão tão certos de sua orientação filosófica, por que não fundam a sua? Essa questão surge, porque, de outra forma, já a teriam criado e aberto mão do dízimo dos católicos conservadores que tanto combatem. Assim seria, se fossem o que dizem ser, mas não são, porque não vão largar aquele enorme patrimônio humano, físico e financeiro, devido, entre outras coisas, ao seu maior comprometimento com o material que com o espiritual.

Esse movimento, percebido pelos gnósticos nos primórdios do cristianismo e por Lutero lá atrás, acabou por oportunizar que outras instituições cristãs surgissem no vazio deixado pela igreja católica, quando de sua guinada progressista, na medida em que a fé, sua principal coluna de sustentação, passou a dividir espaço com o medo, nesse caso, representado pelo materialismo. Vide a pompa e riqueza do Vaticano, uma cidade-estado, algo inimaginável, se não filosoficamente inconcebível para os primórdios do que se tornou a igreja católica.

Para bem complementar o raciocínio do parágrafo anterior, é importante salientar que a fé e o medo são dois sentimentos que não coexistem, devido ao primeiro significar a existência de amor e o segundo o desespero de sua ausência.

Quando a sabedoria popular diz que a fé remove montanhas, na verdade, está ensinando, como Maomé o fez, isto é, não é a montanha que vem até nós, e sim que nós devemos ir até a montanha, ou seja, a razão deve superar o desejo, e isso só se dará pelo crescimento espiritual.

O crescimento material é passageiro e dura apenas uma existência física, já o espiritual é conhecimento interior, aprimoramento que evolui a cada tempo terreno e nos acompanha, na medida em que buscamos a perfeição em Deus.

O tempo sempre será senhor da razão, entretanto, o materialista o usa para enriquecer o corpo enquanto o espiritualista o tem para enriquecer a alma.

Fé

– 08/02/2023 –

A fé é tão presente quanto a gravidade. Não as vemos, nem tocamos, no entanto, elas permanecem agindo sobre tudo o que fazemos durante nossas vidas.

Assim, ter fé é crer em algo que permanece dentro e fora de nós, que nos alimenta, mesmo quando a esperança atinge seu limite e repentinamente parece acabar, deixando latente a dilacerante dor da perda, que enquanto existe tudo abala.

Depois, muito além do tempo, que nesses momentos deixa de existir, a fé ressurge do absurdo abismo causado pelo sofrimento.

Apesar disso e do vazio que resta, a fé é o sentimento que prove força para aceitar a falta, porque é através dela que compreendemos que a ausência física entre nós significa a passagem do espírito para outra dimensão do amor, a mais sublime e definitiva forma de amar, aquela que vem de Deus.

Se viver faz parte do processo de evolução do espírito, morrer também o faz. Afinal, sucessivas mortes e nascimentos possibilitam que aqui retornemos várias vezes para nos aperfeiçoarmos na busca da que será a última e perfeita estada antes da eterna permanência junto ao Criador.

Ajustes benfazejos

– 23/03/2023 –

Existem situações em que a proximidade separa e a distância aproxima.

A proximidade separa, quando permite vermos as pessoas como elas realmente são e descobrimos que nem ao menos se parecem com quem pensávamos fossem.

Com isso, desfazemos nossas esperanças de termos por companhia quem as aparências indicavam ser, mas, sim, alguém que a realidade acaba por expor.

Do outro lado, a distância pode aproximar quando mostra que a ausência muda nossa forma de ver e filtra, por meio dos sentimentos, as frustrações que a proximidade mostrou, dando tempo e espaço para eventuais ajustes.

Que os afastamentos e aproximações, se acontecerem, sejam motivadores de ajustes benfazejos.

Chorar faz bem

– 22/06/2023 –

Chorei de tristeza algumas vezes, sempre quando perdi pessoas queridas. No entanto, sinceramente, creio que chorei de felicidade em quase todas as outras ocasiões, seja quando casei, nos nascimentos dos filhos e netos, durante um filme, lendo um livro, escrevendo uma poesia ou mesmo ouvindo uma música que tocou meu coração.

Interessante que essa sensação de chorar de tristeza é, a princípio, uma agonia que depois se transforma em paz de espírito. Não sei explicar como é que essa sensação se torna algo tão sublime quanto àquele tipo de paz, mas é isso que sinto todas as vezes em que me emociono nas lembranças e de saudades das pessoas queridas.

Então, descobri que a magia do amor é permanente, posto que eterna. Sei disso, porque ele não acaba quando perdemos a esperança, pelo contrário, é quando descobrimos que o amor existirá até o último de nossos dias, ou seja, será infinito enquanto durar, como bem quis dizer Vinicius de Moraes em seu Soneto de Fidelidade.

Como é bom viver essas lembranças quando sonhamos e sentimos saudades dos carinhos gostosos, amorosos e permanentes que só são possíveis nas pessoas que amam. Neles, choramos em nossas solidões e seguimos em frente.

Pudessem as lágrimas serem traduzidas em palavras, certamente diriam o quanto são diferentes em relação aos motivos que as fazem fluir. Se causadas pela dor emocional ou física, por ódio ou paixão, se pela presença ou na solidão, na fartura ou na falta, tristeza ou alegria. Uma diferença que não se percebe apenas pelo externalizar dos sentimentos, até porque são como nos libertamos das tensões internas, razões pelas quais não devem ser suprimidas pela vergonha ou impedidas pelo receio de serem entendidas como fraquezas.

Ah, lágrimas, como são benfazejas ao mostrarem nossas emoções de uma só forma e assim impedirem quem as vê de saberem seus verdadeiros motivos, se porque ou por quem. Uma compreensão que só possui quem as derrama, razão pela qual chorar faz tão bem.

Morrer de amor

– 29/07/2023 –

Com o passar do tempo, em muitas ocasiões, durante muito sofrimento e muita dedicação, o amor chega a ser capaz de, em sua falta, causar tanta dor que a morte se apresenta como válvula de escape.

Não, não estou me referindo a suicídio na forma como é conhecida a decisão abrupta de dar fim à própria vida. Aqui, faço referência à desistência paulatina e irreversível de viver sem a presença de uma pessoa especial, a pessoa amada.

Acho que nunca tinha me deparado tão de perto com uma situação dessas, até ser informado da morte de um amigo de juventude, da época em que morei em Campo Grande, Mato Grosso do sul.

Existem outras formas de aparente desistência, como no caso de estresses e doenças incuráveis que podem causar esse tipo de sofrimento. Com certeza, já vivemos essas situações, o que nos leva a considerar que a depressão é seu ápice.

Os momentos de introspecção dolorosa pela perda de alguém que nos foi muito importante acaba por machucar a todos os que conheceram as causas ou motivos, muito embora não tenham participado dos acontecimentos que fazem com que uma pessoa se sinta tão mal a ponto de desistir.

A situação a que me refiro se deu com esse amigo, amigo querido, devido à devoção com que dedicou seus últimos anos de vida a cuidar da pessoa a quem amava.

É uma história que começa distante, na época em que eram jovens e se apaixonaram pela primeira vez. Depois, o tempo e as situações por ele criadas foram paulatinamente os afastando. Casaram-se com outros amores, tiveram filhos e um dia se viram separados, portanto, livres para que a providencia de Deus os fizesse se encontrar novamente.

O que aconteceu nesse grande intervalo de suas vidas antes do reencontro foram situações terríveis, principalmente na vida dela, pois perdeu os pais, uma irmã e um irmão em um acidente de carro no qual estava presente, fazendo com que ela e sua outra irmã, as únicas sobreviventes da tragédia, ficassem órfãs. Então, passaram a ser cuidadas e amparadas por seus tios e tias, morando ora com uns ora com outros, até atingiram condições de voltar à Campo Grande, de maneira a se inteirarem de seus bens e administrá-los.

Uma delas, como já me referi anteriormente, casou-se com quem então amava, tiveram filhos e progrediram, mas um dia o bom relacionamento terminou, as razões não vêm ao caso, mesmo assim, não se separaram na forma civil, no entanto, a separação física ocorreu sem muitos desgastes, como era de esperar que acontecesse entre pessoas consequentes.

Foi quando se reencontraram. Ele separado, também sozinho, a aproximação, muito embora paulatina devido às relações com filhos e às situações outras que a delicadeza da situação apresentava tiveram duras barreiras a superar, mas conseguiram.

Certo dia, uma dor de cabeça insistente a fez procurar solução médica e descobriu-se um tumor no cérebro que, operado, a deixou dependente da ajuda de outras pessoas pelo resto da vida. De repente, se viu efetivamente só e com dois filhos para criar. Sim, porque mesmo antes de casada já era e continuou a ser independente, uma das faces de sua marcante personalidade.

Ele se aproximou ainda mais e foram novamente se relacionando, revivendo o passado que outrora os uniu e que o presente lhes apresentou novamente a oportunidade.

Entre as boas fases de aparente recuperação física e as recaídas reconstruíram uma ligação que se tornou bastante forte, a ponto de fazer com que superassem os revezes que continuaram a se apresentar, cada vez com mais frequência. Os filhos cresceram, se casaram e foram para lugares distantes. A ligação com a pessoa a quem ainda estava civilmente ligada transcorria de forma tranquila, mesmo na constante presença do atual companheiro a seu lado.

Sofrida, endurecida, porém decidida, enfrentou os incontáveis e amargos revezes que se apresentaram contra sua invejável perseverança sem desistir, até que a derradeira das armadilhas de sua vida aconteceu com a precoce perda do filho querido. Um jovem promissor, forte, resultado da bonita mistura das características dos pais, mas que o implacável vírus da epidemia que se alastrou pelo mundo alcançou e levou. Para piorar, com a distância e as condições de segurança epidemiológica vigentes, ela se viu impedida de ver o filho pela última vez.

Foi a gota que faltava para que a desesperança retomasse força e a despedaçasse. Paulatinamente, a tristeza foi tomando conta de sua existência e a fez desistir. Parou de lutar e por isso morreu.

Quanto a ele. Ele assistiu a tudo a seu lado apoiando, tentando fazer o possível e o impossível para reanimá-la, mas não conseguiu, e assim ela se foi.

Ficaram as lembranças do amor inesquecível e, agora sabemos, insubstituível que o levou pelo mesmo caminho.

Sozinho novamente, sem esperanças à frente, sobreviveu à ausência de sua amada por sofridos 18 meses. Também desistiu. Resistindo aos apelos dos filhos e amigos, aos poucos, foi se afastando de tudo e de todos. Decidiu pelo que acreditou ser a única forma de ir ao encontro dela e definhou até MORRER DE AMOR.

29 de julho de 2023

DEMOLIÇÃO DA ANTIGA IGREJA MATRIZ SENHOR BOM JESUS DE CUIABÁ
Fotógrafo: Lázaro Papazian
Data: 1968

Vida e morte

E tudo começa
Um suspiro fraco
A primeira batida
No portão da vida.
Pacto de sangue
Que leva energia
Às partes do corpo.
É o começo de tudo.
Olhos que se abrem
Lágrimas de graça
Coração que bate
Sangue que corre.
Viva a vida
Sinta a emoção
Paixão
Resultado do amor.
E sente-se de tudo
Alegria
Tristeza
Até a dor.
E chora-se muito
E tudo é beleza
Amor novamente
Que maravilha.

Mas de repente
Sem aviso
De improviso
Tudo se transforma.
Vem a tristeza
Perda sentida
Ódio à má sorte
Vai-se o amor.
Sangue que escorre
Coração que para
Lágrimas que secam
É a morte, é a morte.

Janeiro de 1973

Amor e ódio

A vida é um espaço de tempo
Em que a paixão se transforma em amor
Mas também pode virar ódio
Acabar com a alegria, trazer tristeza e dor.
Amar é dar beleza à vida
É sentimento avivado, reciprocidade
Quando tudo se vê com o coração
De quem ama e sabe ser amado.
O ódio não, esse faz a vida em pedaços
Traz sofrimento, desilusão
É descarga da fraqueza humana
Por ele se sofre, se mata e se morre.
Pessoas apaixonadas têm o coração em movimento
Os sentidos todos prontos para entrar em ação
Para o bem ou para o mal
Depende de quem vive o sentimento.

Janeiro de 1973

Eu preciso ficar só

Preciso ficar só
Embora saiba que nada vai melhorar em mim
Mesmo sabendo que também vai sofrer
Porque vejo em você medo de me amar
Por se arrepender do que íamos fazer.

Preciso ficar só
Com meus pensamentos e minhas dores.
Assim, talvez seja mais fácil para nós
Embora em minha solidão me liberte
Eu também liberto você.

Preciso ficar só
Eu, que de tanto viver para os outros
Não consigo viver minha própria vida
Embora tentasse, como tentei, me libertar com você
Descobri que minha liberdade seria sua prisão.

Preciso ficar só
Para pensar em ser eu novamente
Sem que para isso seja necessária ajuda
Preciso percorrer a mesma estrada
Remover as pedras que deixei.

Preciso ficar só
Para saber se é este o caminho
Se esta é a estrada que vamos percorrer
Sem medos e sem tropeços
Um percurso que seja definitivo.

Preciso ficar só
Para chegar primeiro àquele lugar, nosso lugar.
Aí, então, você acreditará
No que eu já disse várias vezes
E poderá dizer, confiante, vou com você.

Abril de 1973

Que ninguém te veja assim

Se você sabe o que quer
Faça, então, tua vontade
Não pense em algum talvez.
Que teus sentimentos voem
Como as folhas do outono
Mas saiba que elas caem.
Quando esse momento chegar
Não chore só por chorar
Nem pelo amor perdido
Senão todos saberão o que sente
Quando virem suas lágrimas.
Lágrimas são como páginas de um livro aberto
Não é preciso saber ler para entender
Basta, apenas, ver para sentir
Se elas rolam por amor
Ou por outra razão qualquer.
Então chore agora
E que ninguém te veja assim.

Maio de 1973

Minha querida

Hoje senti vontade de escrever
De escrever sobre você
Dizer para mim o que estou vivendo
Contar ao meu coração meus sentimentos
Mostrar que através de tudo
Inclusive das minhas lágrimas
Só sei dizer que te amo.
Falar Clarita é cantar amor
Dizer amor é chamar Clarita
Sentir amor é ter você, Clarita, meu encanto.
Que mora dentro de mim
Vive em meu coração
Transforma minha vida
Clarita, minha querida.

Agosto de 1973

Clarita

Como eu poderia dizer a você que te quero tanto
Que gosto de te ouvir falar, de te ver sorrir
De mostrar a alegria que vai dentro de você.
Gosto de sentir tuas mãos nas minhas
De te sentir tremer de emoção
Do teu sentimento puro
Dos teus lábios quando dizem palavras de amor
E de quando se juntam aos meus.
Quando nossos corpos sentem necessidade
De um contato mais ávido de paixão
De teus olhos transmitindo carinho
Que quando encontram os meus
Dizem tudo aquilo que há entre nós.
Gosto do seu jeitinho acanhado de dizer
"Eu gosto de você" com medo de me amar.
Gosto quando te sinto tremer com um carinho
Quando te digo palavras de dentro do coração.
Quando você fica quieta olhando para o nada
Procurando alguma coisa que me faça feliz.
É isso que sinto por você, meu anjo
Isso e muito, mas muito mais mesmo.
É um paraíso sem fim
Um arco-íris sem cores definidas
É um universo sem mundo

Do qual sinceramente tenho medo
Medo que tudo seja um sonho
E que esse sonho acabe logo.
Que desse sonho em que somos tão felizes
Eu acorde um dia
Triste por não o ter vivido realmente com você
De não te sentir em minha carne
De não sentir o teu amor queimando em mim
Os teus lábios se juntando aos meus
Da tua voz falando comigo
Teu sorriso voltado para mim
Das tuas mãos segurando as minhas
Do teu jeitinho de sentir medo de me amar
Enfim, de não ver você tremer quando eu digo:
"Te amo, te amo, te amo, Clarita!".

27 de abril de 1974

Almas gêmeas

– Para Clara e Marcelo –
pelos nossos 20 anos de casados

Deus, quando fez o mundo,
Fez também as almas
E as fez aos pares.

Procurar uma à outra é, portanto,
Nossa grande tarefa
É achar-nos, nosso destino.

Algumas levam a vida para se encontrar
Esse é o segredo da felicidade
Só o sabem as almas gêmeas.

As almas gêmeas
Assim como o mundo e o paraíso
Quando se encontram
Se sentem na verdade uma só.

Deus, por isso mesmo
Somente a elas permite perceber
Que vivem em dois corações

Ao mesmo tempo.

As procuras e os desencontros
Os amores incompreendidos
Os enganos da vida
São como as encruzilhadas do destino.

Só as persistentes se encontram
Nessa procura solitária
Apenas quando juntas descobrem
Porque têm Almas Gêmeas.

27 de fevereiro de 1998

É poesia

Falar de amor é poesia
Escrever sobre paixão também o é
É dar vazão à nostalgia
Em Deus crer, n'Ele ter fé
Sonhei caminhar sobre as nuvens
Parecia coisa sem explicação.
Sonhar é como escrever poesia
Basta lembrar do amor, ter emoção
Para escrever um belo verso
É só ouvir o coração
É ter saudade mesmo estando junto
Sentir amor, viver paixão
Quem a isso dá alento sente na alma certa agonia
Se souber traduzir o sentimento
Logo transforma verso em poesia.

5 de novembro de 2015

Quando olho para trás

– Para Clarita, com todo o meu amor –

Quando olho para trás
Percebo a verdade do tempo, que passou gentil, até
bondoso em seus instantes.

Quando olho para trás
Vejo que Ele escreveu este romance com ternura para a
cumplicidade dos amantes.

Quando olho para trás
Sinto que ficaram marcas, mas somente as boas, aquelas
que nasceram e vivem em nossos corações.

Quando olho para trás
Sei que testemunhas existem, basta ver a ternura dos
filhos frutos nascidos no pomar da nossa paixão.

Quando olho para trás
Recordo a história de duas almas gêmeas, que nasceram
distantes e qual amálgama tornaram-se uma só,
fundidas pelo amor.

Quando olho para trás
Volta em minha memória o esforço conjunto no
percurso da estrada para vencermos o vazio do futuro
desconhecido.

Quando olho para trás
Refaço nosso caminho percorrido quando um
iluminava e o outro guiava os passos seguidos juntos
até agora.

Quando olho para trás
Não há como não pensar no que vem pela frente tendo
a certeza de que tudo será bom, vida afora, sempre
com você.

1 de dezembro de 2015

Eu te agradeço, Senhor

Eu te agradeço, Senhor
Pelas Almas que nos destes e pelos corpos com que
as vestes.

Eu te agradeço, Senhor
Por nos mostrar que para ter fé é preciso antes acreditar.

Eu te agradeço, Senhor
Por nos fazer entender que o que recebemos é fruto da
nossa capacidade de amar.

Eu te agradeço, Senhor
Por iluminares nosso caminho e por guiares nossos passos
ao percorrê-lo.

Eu te agradeço, Senhor
Por termos para onde ir e por estarmos onde estamos.

Eu te agradeço, Senhor
Por chegarmos onde chegamos e por podermos ir aonde
quisermos.

Eu te agradeço, Senhor
Por dar razão a nossas vidas e nos fazer entender que sem
Ti nada tem sentido.

Eu te agradeço, Senhor
Por tuas bênçãos que protegem nossos corpos e acalentam
nossas almas.

Enfim, eu te agradeço, Senhor
Por sermos quem somos e termos o que temos.

1 de dezembro de 2015

Filhos

Ontem fomos, hoje temos.
Amanhã, quem sabe?
Onde estarão, onde estaremos.

Quando filhos éramos
Imaginávamos como seríamos
Filhos tendo.

Sonhando fazer entender
O que nossos pais
Sem conseguir tentaram.

Agora sabemos,
Quão importante é
Filhos ser e filhos ter.

3 de Março de 2016

Oração por nossos filhos

– Para Tiago e Bruno –

Jesus Cristo misericordioso
A Ti recorro novamente
Na busca de Vosso amparo.
Olhai por nossas almas
Que angustiadas sofrem
Com as incertezas do amanhã.
Zelai por nossos filhos
Cuidai dos nossos queridos
Guiai seus passos
Abençoai-lhes o futuro
Mostrai a eles o caminho
Pelo qual nos trouxestes até aqui.

3 de abril de 2016

Palavras

Palavras são como sementes
Se alcançam fertilidade
Logo produzem resultado.

Se articuladas e associadas às emoções
Geram respostas inesperadas
Para o bem ou para o mal.

SEMEN + TE + AMO = VIDA
SE + MENTE + ÓDIO = MORTE

9 de maio de 2016

Seja feliz

A felicidade reside em saber aproveitar cada momento
Todas as situações e circunstâncias.
Ela não está no que queremos ser
Mas no que somos.
Não será encontrada no que desejamos ter
Mas, sim, no que temos.
É sentida muito mais no amor que recebemos
Do que no que temos para dar.
Existe no que estamos fazendo
Não no que queremos fazer.
Seja feliz com o que você é
Com o que você tem
Com quem te ama
Com o que você faz.
Seja feliz
E fique em paz consigo mesmo.

17 de junho de 2016

Viver

A vida reside nos pequenos detalhes
No que passamos a cada instante
Nada é mais ignorado que o futuro
Ele é o caminho a percorrer.
Entender esse vaticínio
É a essência da existência humana.
Reside em suportar o que nos espera
O que virá
O desconhecido.
Alimentados pelo inconsciente coletivo
Seguimos avante
Rumo ao imponderável.
Simplesmente, vamos em frente
Não há outro caminho
Não existem alternativas
Viver é vencer o tempo.

13 de junho de 2016

Saudades da minha Cuiabá

A distância só faz aumentar
O amor que a gente sente.
É algo que só se explica
Quando longe, ausente.

Como faz falta a terra querida
Como de quem cuida da gente.
Sinto falta da família, dos amigos
Sinto falta do calor presente.

Minha Cuiabá, terra quente e calorosa
Quente na temperatura ardente
Calorosa no amor de sua gente.

Sinto muita saudade de lá
Como um filho da mãe querida.
Volto tão logo possa, pelo resto da minha vida!
Escrito antes de retornar...

15 de novembro de 2016

Amigos são eternos

Às vezes
A semente da amizade fica adormecida por um tempo
Mas sempre germina quando plantada em solo fértil.
Para quebrar a dormência basta o calor humano.
Amizade não depende da visão nem do tato
Muito menos do olfato, quanto mais do paladar.
Amizade se sente no peito, no coração a palpitar
É algo que vive na alma, não guarda distância
Como o vento, está em todo lugar.
Por isso te digo meu amigo
Conte comigo para o que você precisar
Apenas diga meu nome
Estou aqui, sempre pronto
Basta chamar.

13 de dezembro de 2016

Cuida dela, Senhor

– Para Lília –

Insuportável vê-la sofrer
Injusta sentença, sem cabimento.
Nada explica tanta dor
Não há por que esse padecimento.

O que resta fazer
Senão ajuda divina implorar.
Meu Deus, vem socorrer
A quem só soube amar.

Venha, Senhor
Olha por nossa querida
Remove de nossa mãe
Essa opressora dor.

Leva consigo esse mal
Lascivo tormento tão implacável
Afasta o sofrimento desse corpo impotente
Que sofre calado a dor presente, maldosa, latente.

1 de janeiro de 2018

Amor eterno

Parecia que ele não estava lá,
Mas certamente estava.
Se pudesse ser visto
Assistiríamos ao seu permanente autocontrole
Dar lugar ao emocional
Ouviríamos seu doloroso grito clamando por ela
Em alto, sonoro e desesperado lamento.
Foi como ela fez anos atrás,
Quando dele se despediu
Naquela quente manhã de janeiro,
No salão da Boa Morte
Onde velávamos seu corpo.
Não tenho dúvidas de que ele estava lá
Naquele outro marcante janeiro de nossa família.
Ele estava lá, amparando-a em seus últimos instantes.
Veio buscá-la e se foram juntos
Para o paraíso que é a vida eterna.

9 de fevereiro de 2018

Rio das curvas

– A bordo do barco Jacaré –

Sinuoso, lá vai o Paraguai
Descendo, descendo, incessante
Murmurando, murmurando

Caminha seu ritmo suave
Percorre a vida pujante
Leva e traz, traz e leva
Lá vem, lá vai

Silente, acalma a alma
Torrente, agita a mente
Caudaloso, fica nervoso
Remanso, manso, manso

Suas turvas curvas enganam incautos
Alimento, alimenta, supre a terra.
Em seu curso, o todo aviva
Em seu destino, tudo encerra.

26 de fevereiro de 2018

Ouvir silêncio

Silêncio
Ouça o silêncio
A solidão calma

O ar pelas ventas
Enche os pulmões
Saltita o coração

O bate-bate
Repica e rebate
A vida a viver

O sangue a pulsar
Passa pelas veias
Indo e vindo

A alma que acalma
Espírito Santo
Presença, divina

É Deus quem fala
No fundo profundo
Tudo se cala

13 de março de 2018

Esperanças de mãe

– Para minha mãe –

As mães, desde antes, são esperanças.
Esperam que o amor chegue
Que traga crianças
Que elas cresçam saudáveis
Que sigam caminhos de paz.
E seguem esperando
Que Deus as proteja
Que a fome não as alcance
Que o crime não as convença
Que a droga não as consuma.
E, então, continuam esperando
Que as etapas sejam vencidas
Que obstáculos sejam ultrapassados
Que vitórias superem derrotas
Que, enfim, se realizem.
Depois, permanecem esperando
Que encontrem alguém
Que construam um lar
Que crianças nasçam
E que tragam consigo
Novas esperanças.

20 de junho de 2018

Minha tia Glória

– Aos 100 anos de tia Gloria –

A história de tia Glória todos sabem
Mas preciso recontar.

Em homenagem ao seu centenário
Não há como deixar passar
E o faço contando quem foi
Desde a Glória criança
Que nasceu caçula
E veio ao mundo
Para brilhar.

Aquela menina, pequena, esperta
Que a todos encantava
Não tinha outro nome
Para se chamar.
Virou moça prendada
De tudo um pouco sabia
Se algo a interessava
Tão logo aprendia.

Das coisas que aprendeu
Também queria mostrar
Desde cedo sabia
Que sua maior valia
Também seria ensinar.
Não houve estudo
Que a esperta Glória
Deixasse passar
Sem de tudo aproveitar.

Até quando se divertia
Era ela a pequena menina
Que esperta puxava
A turma para brincar.
Da frente da casa
Ao fundo quintal
Das goiabeiras à grande mangueira
Tudo era sala de estar.

Esposa, mãe, tia, avó e bisavó
Em tudo exemplar
A maior glória de nossa Glória
Sempre foi o prazer
De ensinar a amar.

12 de julho de 2018

Sem título

Esta poesia não tem a pretensão de ser entendida
Seu pressuposto foi a falta de inspiração.

Escrita livre de intenção, interesse ou objetivo
Foi como voar ao sabor da emoção.
Lembrou do acordar com o bater do coração
E da esperança sentida a cada nascer do sol.
Fez notar a vida ao se revelar indefinida
Como quando se redescobre um novo dia a cada manhã.
Tal qual página em branco na frente do escritor
Ou o fundo embaçado do espelho sem refletor.

Foi como ver a luz na escuridão
Ouvir no silêncio profundo a sonoridade de uma canção.
O que provocou minha alma foi o improvável
E fez da solidão uma amiga no tumulto da multidão.
Para que um título se ele não a traduz
Nem dá sentido ao que me propus.
Esta é a razão do aqui escrito
Mas também pode não ser
Porque não tem título.

8 de setembro de 2018

Sou do Mato Grosso

Perguntaram a um cidadão qual sua origem e ele prontamente respondeu – Sou do Mato Grosso.

Que me perdoem os mais letrados, mas essa resposta também precisa aceitação.

Ela tem valia para muitos de nós mato-grossenses, a todos senão.

O amor por essa terra nos faz assim, os de "tchapa e cruz" e os "paus-rodados", como não.

Ser mato-grossense é algo tão especial que supera qualquer sentimento, até a própria razão.

O motivo? Ah, esse vem do fundo mais profundo do coração.

Surge no amor nativo dos na terra nascidos e floresce no peito migrante dos filhos por opção.

É um sentir especial em todos instalado, sem distinção.

Por isso mesmo, merece e faz sentido aquela afirmação.

Em alto e bom som, de qualquer forma, mesmo errado, já que é pura paixão.

Não, não será a gramática quem nos dará definição.

Esse é um sentimento sincero que nasceu e já está entranhado em nossa razão.

Pode até ser errado usar o artigo definido "do" naquela declaração.

Fato que pouco importa, porque ela não necessita precisão.

Falar sobre o que sentimos por ser "de" Mato Grosso é resposta dita com enorme paixão.

É algo que está em nossa alma e vive, como já dito, em nosso coração.

É um sentimento intenso, tão sublime que para sempre teremos com sincera devoção.

2 de dezembro de 2018

Quem é você?

Quem é você para criticar
Censurar opinião?
Dê a sua e
Contente-se com ela.
Se não concorda
Fique nela
Não na minha.
Fale a que quiser
Mas não por mim.
Faça o que fizer
Não em meu nome.
Ria ou chore por você
Não finja sentir por alguém
A não ser por si mesmo.

Maio de 2019

Todo dia é dia dos pais

Quando temos a graça divina de vê-las nascer

Quando estamos com elas nas manhas das manhãs

Quando esperamos pacientes ou impacientes se arrumarem
para ir à escola

Quando as repreendemos pelo que aprontaram

Quando temos que segurar o riso para bancar os durões

Quando nos emocionamos nas milhares de vezes que
as abraçamos

Seja para rir, chorar, lamentar ou comemorar as derrotas
e vitórias

Quando saem de casa para começar suas vidas ao
lado de alguém

Ou simplesmente porque já são independentes

Quando temos a bênção de vê-las criar suas crianças como
nós as criamos

Então temos a certeza de que todo dia é dia dos pais.

11 de agosto de 2019

Tradições esquecidas

Aquelas nossas tradições
De fazer os apetrechos
Das lidas nas fazendas
Se foram com os antigos.
Nosso ancestrais esquecidos
Pioneiros da jornada
Homens e mulheres
Velhos peões.
Ninguém se interessou
Ou quis saber
Poucos guardaram suas lições.
Restaram histórias do que foram
Do que fizeram
Traços do que deixaram.
A cultura de fazer com as mãos
De apreciar com os olhos
De sentir com o coração.
A maior parte sumiu
Entregue ao tempo
Levada pelo vento
Que passa ao largo
E se vai na imensidão.
É como a água da chuva
Que cai sobre nossa cabeça
Escorre pelo corpo
E some pelo chão...

Novembro de 2019

Então Ele disse

Houve uma época em que só os fortes sobreviviam, e o filho de Deu disse: – Eu sou o caminho!

Houve uma época em que os que sobreviveram deixaram o caminho, e o filho de Deus disse: – Eu sou a salvação!

Houve uma época em que deixaram de acreditar na salvação, e o filho de Deus disse: – Eu sou a verdade!

Houve uma época em que a verdade foi esquecida, e o filho de Deus disse: – Eu sou a esperança!

Houve uma época em que a esperança foi perdida, e Deus disse: – Pai, perdoai-os. Eles não sabem o que fazem.

Novembro de 2019

Diferença

Não é preciso interpretação
Basta que se tenha entendimento.
Interpretar é tentar adivinhar
Procurar o significado por indução.
Entender é reter pela inteligência
É captar a intenção e perceber a razão.

Dezembro de 2019

Pensamentos

Às vezes, eu me pego pensando...
  O que seria de nós neste isolamento compulsório da
  quarentena
  Sem a companhia das pessoas queridas
  Aquelas, que estão ao nosso lado
  Nos confortando e sendo confortadas por nós.

Às vezes, me pego pensando...
  Nos benefícios das novas tecnologias e mídias
  Porque com eles podemos nos comunicar
  Falar e ver as pessoas que não estão conosco
  Mesmo a distância estão nos confortando e sendo
  confortadas por nós.

Às vezes me pego pensando...
  Nas pessoas que se expõem a riscos
  Na busca de soluções ao atendimento de todos os atingidos
  E vão, assim, nos confortando
  E merecendo ser confortadas por nós.

Às vezes me pego pensando...
  Na necessária solidariedade para os menos favorecidos
  Nesses momentos em que precisam ser confortados
  Por todos nós para que também possam

Confortar os seus e os outros.

Às vezes me pego pensando...

Nos corações impiedosos de quem se aproveita desses terríveis momentos

Para explorar a insegurança generalizada e, assim, tentar fazer prevalecer

Suas intenções e seus projetos mesmo sabendo que estão desconfortando

Contudo, e se for preciso, também serão confortadas por nós.

24 de março de 2020

A felicidade sempre me faz chorar

Mais que pela dor, a felicidade sempre me faz chorar
    A dor é desconforto
    Perigosa agonia
    Aflição.
    Felicidade é ir em frente
    Confiança
    Satisfação.

Mais que pela saudade, a felicidade sempre me faz chorar
    Saudade é sofrimento
    Falta
    Solidão.
    Felicidade é contentamento
    Sentir presença
    Comunhão.

Mais que pela tristeza, a saudade sempre me faz chorar
    Tristeza é desânimo
    Sofrimento
    Decepção.
    Felicidade é alegria
    Bem-estar
    Satisfação.

Mais que pela solidão, a felicidade sempre me faz chorar
Porque é estar
Sem condições
Lágrimas de amor.
Porque é viver intensamente
Cada momento
Lágrimas de existir.

Mais que pelo tormento, a felicidade sempre me faz chorar
Porque é brisa
Em meio à tempestade
Lágrimas de resistir.
Porque é plantar boa semente
E colher melhores frutos
Lágrimas de bem-fazer.

Enfim, a felicidade sempre me faz chorar
Porque é suave fragrância
Em meio a intensos perfumes
Lágrimas de sentir.

8 de maio de 2020

Nunca vou me esquecer

Nunca vou me esquecer

A infância... casa, quintal, comida gostosa, deveres de escola, crianças gulosas, sapecas, teimosas, desçam do muro, goiabas, jabuticabas, não subam nas árvores, vão se machucar.

Nunca vou me esquecer

As ruas, as praças, correndo na chuva, pipoca, picolé, avião de papel, carrinho de lata, pique, pião, cabra-cega, bolita, soltando pipa, liberdade, espaço, pedaço do céu.

Nunca vou me esquecer

As carteiras da escola, sentados aos dois, colegas, às vezes colando, recreio esperando, merenda de casa, brincadeiras, histórias, gritaria, zoeira, piadas maldosas, fessora falava, não pode brigar.

Nunca vou me esquecer

Da família, da lida: mamãe nos cuidando, as roupas lavando, almoço servido, papai

trabalhando, pito nos dando, orelhas ardendo, irmãos se ajudando, às vezes zoando, guris remelentos, cachorros pulguentos, que felicidade!

Nunca vou me esquecer

Dos vizinhos, da turma: crianças brincando, sempre tramando, algumas chorando, cachorros latindo, pão com manteiga, manhã bem cedinho, de casa pra escola, da escola pra casa, de casa pra rua, final de tarde, da rua pra casa.

Nunca vou me esquecer

Das viagens, das férias: praias, fazendas, passeios, cavalos, carroças, leite da vaca, canela com açúcar, correndo no pátio, banho no açude, pescando no rio, dormindo bem cedo, dos causos com medo.

Nunca vou me esquecer

Das broncas ouvidas: exemplos mostrados, nem sempre aprendidos, conselhos bem dados, muitos ignorados, cabeça de vento, braço quebrado, pé torcido, joelho ralado, pontos na testa, moleque safado, guri abusado.

Nunca vou me esquecer

Da juventude: alegrias, namoros, paixões, ilusões, sábados e domingos, gibis, matinês, brincadeiras no clube, piscina, raquete, peladas na quadra, ganhando, perdendo, churrasco gostoso, cerveja gelada.

Nunca vou me esquecer

Da beleza de tudo: os papos-cabeça, sonhando, curtindo, violões, canções, serenatas, meninas ouvindo, desejos febris, farras secretas, amigos chegados, amigas queridas, sutis margaridas.

Nunca vou me esquecer

Da faculdade: conversas compridas, matérias difíceis, noites maldormidas, mestres queridos, trabalhos conjuntos, estágios, aspirações, esperanças, confusões, colegas, companhias, parcerias, sonhos, realizações.

Nunca vou me esquecer

Do olhar na janela: quem é aquela, menina mais bela, fiquei esperando, o tempo passando, coragem tomando, chegou, fui chegando, coração palpitando, me apaixonando, é ela, é ela.

Nunca vou me esquecer

Da chegada dos filhos: e deles os netos, queridos, amados presentes de Deus, de todo o caminho, dos sustos sofridos, perigos vividos, vitórias, lutas, chegadas, partidas, enfim existimos, foi tudo de bom.

Nunca vou me esquecer, nem você.

4 de junho de 2020

Indefinito

Indefinito é pensamento sem sentido ou razão
É esperar por quem não vem
Ter o olhar perdido na distância
Solidão.

É procurar mesmo sabendo nada existir
Ouvir o que não quer saber
Dizer palavras ao vento, lamento sem sentido
Paixão.

É começar pelo fim para chegar ao início
Caminhar sozinho em meio à multidão
Viver somente de resquício
Ilusão.

É estar certo e pedir perdão
Ser vago e sem epílogo
Parecer errado quando correto
Manifesto mudo em diálogo
Sem noção.

20 de junho de 2020

Oração de coração

Não é à toa que dentro de cada <u>CORAÇÃO</u> há uma ORAÇÃO
Afinal, tudo o que nos toca lá está.
Sim, é com a razão que a <u>CALMA</u> habita a ALMA
A tranquilidade é fundamental para que a paz exista.
Não é por acaso que <u>AMAR</u> tem um MAR dentro de si
A imensidão é sua principal característica.
Sim, é por isso que dentro de <u>DEUS</u> estão todos os EUS
Tudo para justificar suas criações e nossa existência.
É na <u>ORAÇÃO</u> do CORAÇÃO que a <u>ALMA</u> encontra a CALMA
e nossos <u>EUS</u> ficam inundados pelo MAR de AMAR a DEUS.

23 de julho de 2020

Ávida vida

O amor não é ato
Nem contrato abstrato.
É sublime sentimento
Chamego, ternura.

Sozinho, carente
É espírito ausente
Sofrido, indigente
Deixado ao relento.

A cada repente
Fica indiferente
Oculto, latente
Sem emoção.

Coração de cimento
Nada mais sente.
Depois da cura
É pedra dura.

Quem ama reclama
Na rua, na cama
Pouco acalma
A alma envolvida.

Que resoluta transpira
Contínua procura
Da ávida vida
Que Deus nos deu.

4 de dezembro de 2020

Sem fotografias

Neste Natal de 2020 não tivemos fotografia da família reunida
Ficamos separados para a preservação de nossas vidas.
Abraçar e beijar são carinhosas demonstrações de amor
Mas optamos pelo necessário sacrifício de não estarmos reunidos.
Todos entendemos que para quem ama não existem distâncias.
Ficarmos isolados foi difícil e se tornou a maior prova disso.
Nosso afastamento hoje tem coerente justificativa
É para manter viva a esperança de estarmos juntos amanhã.

2 de fevereiro de 2021

Meu farol na escuridão

– Ao meu pai, José Afonso Portocarrero –

Em mim você continuará existindo para sempre
Me deu corpo, instruiu meu ser
Mas, acima de tudo, formatou meu coração.
Meu pai, meu amigo, meu companheiro, meu irmão
Para mim você foi tudo ao mesmo tempo
Fez de sua vida minha escada
De seus braços estendidos corrimão
Foi onde encontrei apoio e segurança
Na subida dos degraus da perfeição
Pai, você é luz eterna a indicar o caminho
Meu farol na escuridão.

4 de março de 2021

Significados

A verdade
Mesmo que faça sofrer
Deve ser dita.
Ocultá-la nada resguarda, só adia
E adiada nada protege, é agonia.

A mentira
Esconde receios
Causa dor e nada traz senão a tardia razão
É culpa atrasada, sofrida, mordaz.

A sinceridade
Da verdade amiga
É necessária, ainda que afete
De pessoa querida, amada
É prova de amor inconteste.

A falsidade
Se da mentira for parceira
A tudo e a todos maltrata
Quando não constrange, fere
Ou outra desgraça faz, ela mata.

13 de março de 2021

A boa luta

O que era certo
Agora é errado.
O condenado é solto
Perdoado.
O inocente é preso
Culpado.
Se continuar assim
Não vamos a lugar nenhum
Será o fim.
O quadro pintado
Fica obscuro
Mistura de cores
Dores
Tudo é ruim.
Nada a ver com luz
Vida
A coisa toda está assim.
Tudo passou a ser não
Nada mais resta de sim
Falta de respeito
Virou direito
Dever negação.

Não há mais fé
Nem esperança
Crença em Deus
Virou defeito
Má-formação.
Esperar e confiar
É tudo que nos resta
Enfim
Perdoar, esquecer.
Seguir em frente.
Essa é a boa luta,
Pelo menos
Para mim.

18 de março de 2021

Amor de mãe

– "Te amo, Clara querida. Te amo, mamãe! "–

Amor de mãe é permanente
Amor de filho também.
Não dedique a ela apenas carinho
Dedique todo o seu bem.
Esse amor é infinito
Não tem medida
Igual não tem.
É eterno.
Forma divina de querer bem.

9 de maio de 2021

Cria

Gente antiga sempre dizia
Filho homem a gente cria
Depois de crescido
Se casa ou extravia.
Filha mulher, do mesmo jeito
Tudo se fazia
Com maior cuidado era a vigia.
Hoje ninguém mais sabe
É a tal modernidade
Que traz consigo várias dúvidas
A respeito do que se fazia.
Essa questão só vai findar
Quando for definida a diferença
Entre educar e ensinar.

7 de setembro de 2021

Sementes das sementes

Nascemos sementes de nossos pais, que uma vez maduras a natureza fará seguir o semear.

Esse é o rito de passagem da genética que recebemos, a mais sublime forma de amar.

Ela reside no preservar nossas origens e transmitir nossa descendência.

Essa é a razão para que em nossa existência estejamos sempre preparados.

Atentos, para sermos, desde os primeiros momentos, o orvalho que rega as novas existências.

Prontos para fixar forte e profundamente nossas raízes no jardim da vida.

Não importa onde, porque o lugar será aquele a que o sopro de Deus decidir levar.

Às vezes perto, às vezes longe, certo é que somos todos sementes que Ele ajuda a plantar.

Um dia, essas sementes vicejarão graças às relações que, como nós, irão se desenvolver.

Aqui, ali ou acolá, pouco importa em que lugar, basta amar esse alguém com quem se vai estar.

Certo é que as sementes de nossas sementes também precisam germinar.

7 de agosto de 2021

Ato covarde

Quando a ficção se sobrepõe à realidade, o destino se torna um sofisma

Quando a informação deixa de ser honesta, a consciência passa a ser estuprada

Quando a conjectura se sobrepõe à sinceridade, a mentira se transforma em axioma

Quando a referência sexual é neutralizada, a existência humana perde sua essência

Quando a vacina passa a ser mais nociva que a virose, a humanidade se torna refém da desgraça e, finalmente,

Quando usam da justiça como arma ideológica, a conivência se torna ATO COVARDE.

27 de novembro de 2021

Adeus amigo, há Deus

– A nosso amigo José de Souza Nogueira,
o inesquecível Zé Paraná, uma homenagem da Turma do Vôlei –

A despedida é sempre dolorida, ainda mais quando é pessoa querida aquela que vai de partida.

Sabe Ele que quem partiu vai fazer muita falta a todos que o amam, mas chamou-o por alguma razão, para nós sem explicação.

Que fazer, a vida é mesmo assim, quando alguém se vai deixa um vazio dolorido em vocês, em mim, em todos, enfim.

Os desígnios de Deus deixam aos que ficam muita dor, saudade e solidão, mesmo sabendo que não lhes faltará amor, carinho e compreensão.

Adeus, amigo. Você sabe que sempre sentiremos tua falta tanto quanto nós sabemos que há Deus, e que Ele agora está contigo.

13 de dezembro de 2021

Se for preciso

Se for preciso amar
Se apaixone antes
O amor é fruto da paixão.

Se for preciso sofrer
Que seja por amor
Não alimente o ódio.

Se for preciso odiar
Não queira o mal
Contenha seu coração.

Se for preciso trair
Não o faça
Seja solidário.

Se for preciso chorar
Derrame lágrimas de alegria
Não de tristeza.

Se for preciso gritar
Grite por justiça
Não de dor.

Se for preciso dar
Haja por caridade
Não seja egoísta.

Se for preciso pedir
Faça-o pelos outros
Não para si.

Se for preciso recomeçar
Levante a cabeça
O horizonte é infinito.

Se for preciso conforto
Tenha Fé
Dirija-se a Deus.

27 de Janeiro de 2022

Atrás da escuridão

Atrás da escuridão,
No merecido sono,
Há sempre momentos
Que levam ao relento.
Histórias passadas,
Pessoas amadas,
Até odiadas,
Lembranças fadadas
Ao esquecimento.
Que a mente resgata,
A alma maltrata,
E se o corpo não marca
Machuca por dentro.
É um abismo sem fim
Cair no vazio,
Espaço aberto,
Fundo do poço.
Águas revoltas,
Que roubam o fôlego,
Afogam a calma,
É esse o intento.
O coração desanda,
Bate, rebate,
Resgata a vida,
Que, quase perdida,
Se esvai no sonho.

8 de setembro de 2022

Última batalha

A luta é ferrenha
O propósito imutável
Meu esforço só aumenta
Na peleja permaneço.
A disputa sempre é dura,
Mas na vida o que não é
Se luto com afinco
Em Deus permaneço na fé.
Até quando for preciso
Carrego minha bandeira
Ela é verde e amarela
As cores de nossa fileira.
Vou levá-la pelo mundo
Muita gente assim se talha
Sendo todos brasileiros
Seguimos juntos na batalha.

11 de outubro de 2022

O lamento

Lamento, por não ver
A verdade prevalecer
O ódio sucumbir
E o amor florescer

Lamento, por não existir
Harmonia nos fatos
Liberdade de ir e vir
Nem coerência nos atos

Lamento, por não poder falar
Tão pouca compreensão
Só vejo censurar
Calar a boca da nação

Lamento, por quem não percebe
A gravidade da situação
Ficou preso no passado
Permanece na ilusão.

6 de novembro de 2022

Quando sinto você em mim

Em frente ao espelho
Ao lavar o rosto e o cabelo
Os mesmo gestos repetidos
É quando sinto você em mim

Molhar uma mão de cada vez
Umedecer os fios meus
Que brancos lembram os teus
É quando sinto você em mim

Um gesto repetido
O gosto pelo simples
O olhar, as vezes perdido
É quando sinto você em mim

Nas lágrimas afogadas
Quando lembro do passado
Que ainda me habita
É quando sinto você em mim

Viva apenas o presente
Era o que você dizia
Viu o que foi e sabia como seria
É quando sinto você em mim... pai.

10 de setembro de 2023

Abnegados

Fala-se bastante sobre amizade
Dizem desse sentimento
Ser coisa de irmandade
Um bem-querer diferente
Até por definição
Enquanto aquela evoca presença
A outra é superação
Afetos que se confundem
Ser amigo e ser irmão
Um é pura sintonia
Nasce sem pai, nem mãe
Sendo fruto do coração
O outro é diferente
A gente ganha de Deus
Tanto que existe pra sempre
É complementação
Às vezes um se torna o outro
Posto serem congruentes
Daí serem apropriados
Naturalmente pertinentes
Por isso mesmo abnegados

15 de setembro de 2023

Centelha Divina

Centelha de Deus que habita em mim
Mantenha acesa a chama
Que ilumina meu caminho

Centelha de Deus que habita em mim
Dá-me forças para vencer os obstáculos
E resiliência para contorna-los

Centelha de Deus que habita em mim
Perdoa meus desatinos
Sustenta minha fé

Centelha de Deus que habita em mim
Receba minhas suplicas
Sendo justas, leva-as ao Pai

Centelha de Deus que habita em mim
Conserva minha esperança
De com Ele estar ao final da jornada

3 de outubro de 2023